영어 오답의 포트폴리 ②

【 폭망그만 구문어휘 】

꿈구두

내가 영어의 오답을 선택하는 과정

오답의 요인2

모르는 단어가 너무 많아서,
손 댈 수 있는 문장이 별로 없음!

오답의 요인1

문장의 일부만을, 독해하다
다른 방향 주제 예측!

오답선택

오답의 요인3

조금이라도 더 힌트를
얻기 위해 무한 반복 독해!

나의 구문 분석의 잘못된 점 check point!

1) 끊어 읽기 표시를 불필요한 곳에서도 습관적으로 함	끊어 읽기는 문장에서 의미단위를 효과적으로 파악하기 위함! **오류 체크!**	효율적인 독해를 위해, 꼭 필요한 부분만 끊어 읽자! **피드백/조언**
2) 독해할 때, 느낌과 감에 의존하는 경향	느낌과 감은 주관적인 요소라서 변수가 많음! **오류 체크!**	짧더라도 의미단위로 문장의 핵심 내용을 찾자! **피드백/조언**
3) 구문 분석 및 연습에 소요되는 시간의 부담	반복 연습을 통해 오히려 시간단축 **오류 체크!**	훈련을 통해 실전 독해 소요 시간 경감! **피드백/조언**
4) 단어의 암기가 독해의 왕도?	지문에 나온 모든 단어를 알더라도 독해가 되지 않음! **오류 체크!**	다양한 단어들의 조합을 풀 수 있는 구문 학습 병행이 필수! **피드백/조언**

내가 구문학습을 해야 하는 이유와 구문학습의 효과

1. 수업시간에 배운 내용이 잘 이해가 안가요?

> 1) 단락 혹은 문장에서 어떤 부분이 중요한지 구체적으로 모른다.
> 2) 수동적으로 밑줄/필기할 뿐, 제대로 학습하지 않는다.

2. 영작을 해 본적도 없는데, 서술형 문제에서 어떻게 영작을 할 수 있나요?

> 1) 기본적인 문장 구조에 대한 이해가 부족하다.
> 2) 기본적인 문장 구조 + 핵심 구문 패턴 학습 = 영작 가능!

> Q) 기본적인 문장구조란?
> 이미 우리가 알고 있는 5가지 형식에서 출발!

3. 구체적인 구문 학습법이 있나요?

> 1) 그날 학습한 구문은 꼭 노트에 정리하자!
> 2) 노트에 정리된 구문을 꼭 다시 한번 써보자!
> 3) 노트에 정리할 때, 구문의 중요 포인트를 보기 쉽게 정리하자!
> 4) 주 1회 정도 복습을 하며 정리한 후, 까다로운 구문을 표시하자!
> 5) 시험(내신/모의고사) 기간이 되면, 정리된 노트에서 표시된 부분을
>   집중학습하자!

4. 구문 학습법의 기대효과는 어떤 것들이 있나요?

> 1) 선생님이 설명하시는 수업 내용을 이해할 수 있게 된다.
> 2) 끊어 읽기를 통해 긴 문장을 보다 효율적으로 독해할 수 있다.
> 3) 문장 구조상 중요한 부분을 쉽게 파악할 수 있다.
> 4) 기본적인 영작이 가능해진다.
> 5) 시험에 대비하기 좀 더 수월해진다.

구문을 열차로 만들어보자!

열차와 구문의 공통점

🚂 열차	구문
1. 열차를 이끄는 기관차가 있다.	1. 제일 앞에서 뒤에 오는 절을 이끄는 기관차 역할의 성분이 있다.
2. 기관차 뒤에 하나씩 열차가 붙으면서 열차가 길어진다.	2. 다른 문장성분이 붙으면서 구문이 길어진다.
3. 앞에 연결할 수 있는 기차와 뒤에 연결할 수 있는 기차가 있다.	3. 앞에 연결할 수 있는 성분과 뒤에 연결되는 성분이 있다.
4. 각각의 열차를 꾸며줄 수 있는 다양한 요소가 있다.	4. 문장의 구성요소를 꾸며줄 수 있는 다양한 성분들이 붙으면서 길어진다.
5. 연결할 수 있는 장치가 있으면 계속 길어질 수 있다.	5. 연결할 수 있는 성분이 있으면 계속 길어질 수 있다.

▶추상적인 영어 문장 성분을 우리가 잘 알고 있는 열차를 시각적으로 활용해서 학습해보자!

구문 열차 Study Guide

1. 구문 열차 학습하기	평소 이해하기 어려웠던 구문 구조를 열차로 도식화하여 쉽게 이해하기
2. 구문 열차 분석하기	구문 열차 학습에서 배운 내용의 구조 부분을 문장에 적용하고 분석하기
3. 구문 열차 해석하기	구문 열차 학습에서 배운 구조 부분의 해석 POINT 제공 및 집중 연습 하기
4. 구문 열차 확장하기	기본적인 구문 열차 구조에서 확장되고 응용된 열차의 구조 학습하기
5. 구문 열차 실전 문제	4단계까지 학습한 내용(구조분석/해석/응용)을 실전 기출 문제에 적용하기
6. 구문 열차 어법 확장하기	구문학습에서 배운 내용을 활용하여 어법 기출 문제 연습하기

구문 열차 탑승 전 필독! 열차 용어 사전

1. 문장의 기본 구성요소 이해

구성 요소	형태	예시
단어	개별 단어	son read book
구	개별 단어 + 개별 단어 + 추가 가능 (2개 이상의 단어 덩어리)	My youngest son is reading the comic book
절(문장)	주어 + 동사 + 추가 가능 (주어와 동사를 포함한 최소 문장 단위)	My youngest son is reading the comic book
복문	주어 + 동사 + 추가 가능 + 접속사 (연결장치) 주어 + 동사 + 추가 가능 (2개 이상의 절 덩어리)	My youngest son is reading the comic book which I bought for him yesterday.

2. 구와 절의 종류와 예시

구와 절	종류	예시
구	전치사구 to 부정사구 동명사구 등	in my office to buy a car reading a book
절	명사절 형용사절 부사절	what I want which is red as I study English

3. 주요 문장 성분의 종류와 특징

문장 성분	종류	특징
주어	» 행위의 주체로 주로 문장의 제일 앞에 위치함.	주어 자리에는 명사에 해당하는 단어, 구, 절이 오며 우리말로 '~은, 는, 이, 가'의 의미가 됨.
(서술어) 동사	» 서술어보다는 동사라는 용어로 더 자주 쓰임. » 주어의 동작이나 상태를 설명하며, 주어 뒤에 위치함. » **하나의 절이나 문장에 동사는 반드시 한 개임.**	서술어 자리에는 동사(구)가 오며, 우리말로 '~이다', '~하다' 등의 의미가 됨.
목적어	» 행위의 대상으로 주로 타동사 뒤에 위치함. » 행위의 직접적인 대상을 직접 목적어라 하고 간접적인 대상을 간접 목적어라 함. 　cf. 전치사의 목적어의 경우 　(전치사 뒤에 오는 명사를 전치사의 목적어라 함.)	목적어 자리에는 명사에 해당하는 단어, 구, 절이 오며, 우리말로 '~을(를)' 또는 '~에게'의 의미가 됨.
보어	» 문장에서 설명의 부족함을 보충 설명하는 역할을 함. » 주어를 보충하는 것을 주격 보어라 하고, 목적어를 보충 설명하는 것을 목적격 보어라 함.	보어 자리에는 명사에 해당하는 단어, 구, 절이나 형용사에 해당하는 자격의 단어, 구가 오며, 문장 내에서 주어나 목적어를 보충하는 의미로 다양하게 사용됨.

4. 자주 쓰이는 문장성분의 종류와 특징

문장 성분	종류	특징
be동사	am / are / is was / were / was	행위자의 존재 여부를 나타내거나 주어와 보어를 연결하는 역할
조동사	do(es) / can / may / shall / must / have to did / could / might / should / had to 등	본동사의 의미를 보조하는 역할
to부정사	to + 동사원형	명사/형용사/부사로 기능
동명사	동사+ing	동사인데 명사로 기능
현재분사	동사+ing	동사인데 형용사로 기능
과거분사	동사+ed(때때로 불규칙)	동사인데 형용사로 기능
관계대명사	who / which / whom / whose / that	문장(절)이 형용사로 기능
관계부사	when / where / why / how	문장(절)이 형용사로 기능

Contents 영어 오답의 모든 것 독해(구문, 어휘, 어법편)

III 어법편

구문편

1일차
문장의 앞부분에는 무엇이 나올까요?

1 구문열차 학습하기

1) 문장의 앞부분에는 일반적으로 '주어' 가 옵니다.

주어 + 동사 + ... + ... + ...

2) '주어' 열차가 될 수 있는 요소

① 명사/대명사 + 동사 + ... + ... + ...

ex **The boy** runs so fast.

② 동명사 + 동사 + ... + ... + ...

ex **Competing** is required.

③ to 부정사 + 동사 + ... + ... + ...

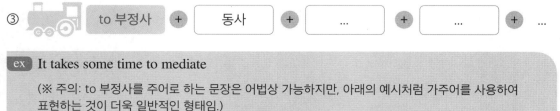

ex It takes some time to mediate

(※ 주의: to 부정사를 주어로 하는 문장은 어법상 가능하지만, 아래의 예시처럼 가주어를 사용하여 표현하는 것이 더욱 일반적인 형태임.)

ex It is not easy to run Youtube channel.

④ 명사절(that, what, if, 의문사 + 주어+동사) + 동사 + ... + ...

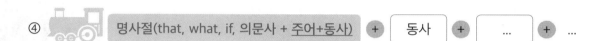

ex **That he is smart** is false.

(※ 접속사+주어+동사가 하나의 절을 이루고 있으며, 문장의 동사 앞에서 주어 역할을 하고 있음.)

2 구문열차 분석하기

<보기>	① 명사/대명사 ② 동명사 ③ to 부정사 ④ 명사절

●● 다음 문장에서 주어를 찾아 [괄호]로 표시하고 위의 <보기>에서 번호를 찾아 쓰시오.

1) They are coming here.   (   )
2) Why you are so late today is not clear.   (   )
3) Helping others can make others respect you.   (   )
4) That she was beautiful is not known to everyone.   (   )
5) To study English is not easier than I expect.   (   )
6) What is more important is to keep your promise.   (   )

3 구문열차 해석하기

해석 POINT

1) 명사 / 대명사   열차는 (대)명사 + '은, 는, 이, 가'를 붙여 해석!

2) to 부정사 동명사 명사절   열차는 '~하는 것' + '은, 는, 이, 가' 로 해석!

●● 해석 POINT를 활용하여 밑줄 친 부분을 해석하시오.

1) **The kids** were late yesterday.

해석 : _____

2) **To lose your weight** is not easy.

해석 : _____

3) **Learning language** is interesting.

해석 : _____

4) **That she stopped working** is unknown.

해석 : _____

5) **What you see** is sometimes wrong.

해석 : _____

* 주어를 길어지게 만드는 요소들 : 일반적으로 명사주어 뒤에 위치

① <kbd>명사주어</kbd> ＋ to 부정사(구)

> **ex** One way **to learn English** is reading many books.

② <kbd>명사주어</kbd> ＋ 현재분사(구)/과거분사(구)

> **ex** A man **wearing glasses** is my teacher.
> **ex** The book **written by him** is out of print.

③ <kbd>명사주어</kbd> ＋ 전치사구

> **ex** People **around you** are interested in your movie.

④ <kbd>명사주어</kbd> ＋ 관계대명사절/관계부사절

> **ex** Students **who are absent from school** need to come to teachers' office.

5 구문 열차 실전 문제

●● 다음 문장의 주어를 네모로, 주어를 길어지게 하는 요소를 [괄호]로 표시한 후, 주어부분을 해석하시오.

1) Simply providing students with complex texts is not enough for learning to happen. (고1.19.03)

해석 : _____.

2) The percentage of people who mostly watch news videos on news sites in France is higher than that in Germany. (고1.19.03)

해석 : _____.

3) People living in neighborhoods with safe biking and walking lanes and public parks use them a lot. (고1.18.03)

해석 : _____.

4) Her ambition to study English is limitless. (고1.18.03)

해석 : _____.

6 구문 열차 어법 확장하기

●● 다음 문장을 읽고 [괄호] 안의 단어 중, 어법상 옳은 것을 고르시오.

1) But the desire for written records [has / have] always accompanied economic activity, since transactions are meaningless unless you can clearly keep track of who owns what. (20학년도 수능)

2) A complete scientific explanation of moral evolution and development in the human species [is / are] a very long way off. (20학년도 수능)

3) Even under ideal circumstances, hunting these fast animals with spear or bow and arrow [are / is] an uncertain task. (19학년도 수능)

4) Thus, someone who just heard a piece of bad news often [tend / tends] initially to deny what happened. (19학년도 수능)

주어의 뒤에는 무엇이 나올까요?

1 구문열차 학습하기

1) 주어의 뒤에는 일반적으로 '동사' 가 옵니다.

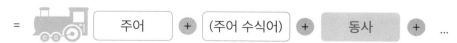

= 🚂 [주어] ➕ [(주어 수식어)] ➕ [동사] ➕ ...

2) '동사' 열차가 될 수 있는 요소

① 🚂 [be 동사] ➕ 뒤에 [보어 열차] 혹은 [전치사구 열차] 가 올 수 있음!

ex) She **is** my daughter.

ex) The pens **are** on the desk

② 🚂 [조동사] ➕ [동사 열차] 조동사뒤에 동사열차가 **한번 더** 나옴 으로 수정

ex) You **can do** it better.

③ 🚂 [일반동사] ➕ 뒤에 [추가 성분] 들이 올 수 있음!

ex) I consider it as a solution.

3) '동사' 열차가 될 수 없는 요소: 준동사(동명사, to부정사, 분사)

① 🚂 [동명사]

ex) The man tried **tasting** the beverage.

② 🚂 [to 부정사]

ex) You should remember **to turn off** the TV before you leave.

③ 현재/과거분사

ex We saw the ants **climbing** the tree.

ex She likes the boy **called** Tom.

2 구문열차 분석하기

<보기>   ① to 부정사   ② 동명사   ③ 현재분사   ④ 과거분사

●● 다음 문장에서 동사를 찾아 밑줄을 치고 준동사는 [괄호]로 표시한 후, 해당하는 준동사의 종류를 위의
<보기>에서 찾아 번호를 쓰시오.

1) Many children enjoy riding bicycles.   (   )
2) The man read the book written in Korean.   (   )
3) She hopes to wear school uniform.   (   )
4) Some people watch the fish swimming in the water.   (   )
5) His father plans to visit the school tomorrow.   (   )
6) My teacher suggested reading many books.   (   )

3 구문열차 해석하기

해석 POINT

조동사 have p.p.		
형태		의미 : 과거의 후회나 추측
① could ② may(might) ③ should ④ must	+ have p.p.	① ~했을 수도 있었다 ② ~했을지도 모른다 ③ ~했어야 했다 ④ ~했음에 틀림없다

●● 해석 POINT를 활용하여 밑줄 친 부분을 해석하시오.

1) You **should have watched the movie.**

해석 : _____

2) He **could have left his wallet** on the bus.

해석 : _____

3) The man **must have come here** at morning.

해석 : _____

4) They **may have missed the bus**.

해석 : _____

4 구문 열차 확장하기

* 동사의 변형

① be + V-ing : 진행형 (~하는 중이다)

ex The man **is eating** a chicken salad.

② be + p.p. : 수동태 (~하게 되다/당하다)

ex The article **is taken** from the newspaper.

③ have(has)/had + p.p. : 완료 (~했다/해 본 경험이 있다 등)

ex They **have tried** to solve the problem.
ex I **had taken** my truck in for a service.

④ have(has)/had + been + V-ing : 완료 진행형 (~해오는 중이다.)

ex Scientists **have been studying** of behavior of dolphins.
ex The small problem **had been causing** the huge natural disaster.

⑤ have(has)/had + been + p.p. : 완료 수동태 (~되었다/받았다)

ex The survey **had been operated** by reliable institution.
ex ex) The boy **had been trained** regularly from the early age.

5 구문 열차 실전 문제

●● 다음 문장의 동사를 네모로 표시하고, 준동사를 [괄호]로 표시한 후, 문장을 해석하시오.

1) My heart began to pound with anticipation and longing. (고2.19.03)

해석 : _____ .

2) You have made a similar assertion to motivate someone to try harder. (고2.19.03)

해석 : _____ .

3) The way to build a strong relationship would be to reveal the most private details about yourself. (고2.18.03)

해석 : _____ .

4) A dictator like Zimbabwe's Robert Mugabe could not order the government to produce 100 trillion tons of rice. (고1.18.03)

해석 : _____ .

6 구문 열차 어법 확장하기

●● 다음 문장을 읽고 [괄호] 안의 단어 중, 어법상 옳은 것을 고르시오.

1) The fragmentation of television audiences in the past [causing / caused] advertisers much concern. (20학년도 수능)

2) The duration of copyright protection has [increasing / increased] steadily over the years. (19학년도 수능)

3) In previous eras, such as the Iron Age and the Bronze Age, the discovery of new elements [brought / bringing] forth seemingly unending numbers of new inventions. (20학년도 수능)

4) Investigations into the economics of information encompass a variety of categories [include / including] the costs of information and information services. (19학년도 수능)

동사 뒤에는 무엇이 나올까요?

1 구문열차 학습하기

1) 동사 뒤에 따라올 수 있는 요소들: 목적어 또는 보어

① 일반적으로 동사 열차 뒤에는 대개의 경우 보어(~이다, ~있다: 명사를 보충 설명) 혹은 목적어(~을, ~를, ~에게)가 올 수 있습니다. 또한, 경우에 따라서 목적어 뒤에 목적격 보어가 올 수 있습니다.

주어 + 동사 + 주격보어 + ...

주어 + 동사 + 목적어 + 목적격보어 ...

2) 보어가 될 수 있는 요소

① 명사/동명사

ex What his father gave him as a birthday gift is **a new laptop computer**.

ex His favorite hobby is **driving** sports car.

② 형용사/분사

ex She sometimes feels **embarrassed**.

ex The music sounds sweet.

③ to 부정사

ex My wish is **to see** her again.

④ 명사절(that, what, if, 의문사 + 주어 + 동사)

- 이때 명사절은 주어를 보충 설명하거나 동격인 경우를 일컫는다.

ex His doubt is **if she stole the documents**.

ex The important thing is **that they already know the truth about the issue**.

3) 목적어가 될 수 있는 요소

① 명사

ex Amy's uncle bought **a new laptop computer.**

② 동명사

ex Do you remember **buying the tickets** a few days ago?

③ to 부정사

ex I forgot **to give an answer**.

④ 명사절(that, what, if, 의문사 + 주어 + 동사)

ex Doctors have found **that regular exercise can help prevent diseases**.

2 구문열차 분석하기

<보기> ① 명사 ② 대명사 ③ 형용사 ④ to 부정사 ⑤ 동명사 ⑥ 명사절 ⑦ 분사

●● 다음 문장에서 동사의 목적어 혹은 보어를 찾아 [괄호]로 표시한 후, 해당하는 것을 위의 <보기>에서 찾아 번호를 쓰시오.

1) We keep searching for answers on the Internet.   (   )
2) We didn't recognize that we succeeded in this project.   (   )
3) What is more important is to keep your promise.   (   )
4) His words in this letter felt threatening.   (   )
5) His lecture is usually very difficult to undestand.   (   )
6) These shoes are not hers.   (   )
7) The lawyer raised an objection.   (   )

해석 POINT

목적어	열차의 경우 : (목적어) + '~을, ~를, ~하기를, ~하는 것을' 등을 붙여서 해석!
보어	열차의 경우 : '주어'가 '보어'~것(이)다. '보어'한다. / '목적어'가 '보어'하는 것(라고)을 '동사'한다 등을 붙여서 해석!

●● 해석 POINT를 활용하여 밑줄 친 부분을 해석하시오.

1) Laughter started **to pass through** the auditorium from front to back.

해석 : _____.

2) I remember **that your company took a similar course last year**.

해석 : _____.

3) You could make **a new best friend** simply by visiting a different park.

해석 : _____.

4) The only solution is **to turn off the TV and take a rest**.

해석 : _____.

5) The CEO encourages individual employees **to think creatively**.

해석 : _____.

---

1) 목적격보어의 형태를 결정하는 동사의 특징

 지각 동사 | 열차가 올 경우 목적격 보어 자리에는

① 동사원형, 현재분사 : 목적어와의 관계가 '능동'이거나 '진행'의 의미가 성립할 때
② 과거분사 : 목적어와의 관계가 '수동'의 의미가 성립할 때

지각동사 : watch, hear, smell, taste, feel, see...

ex They **felt** something **touch** their feet in the water. ('무엇이 건드린다'는 능동의 의미)

ex My teacher **heard** the classroom window **broken** in his office. ('창문이 깨어진다'는 수동의 의미)

 사역 동사   **열차가 올 경우 목적격 보어 자리에는**

① 동사원형 : 목적어와의 관계가 '능동' 의미가 성립할 때
② 과거분사 : 목적어와의 관계가 '수동'의 의미가 성립할 때

 사역동사 : make, have, let

ex She **made** her students **keep** a diary everyday ('학생들이 일기를 쓴다'는 능동의 의미)

ex I **had** my piano **repaired** last night. ('피아노가 수리된다'는 수동의 의미)

기타의 동사 | tell, order, allow, want, expect, ask 등 | **가 올 경우 목적격 보어 자리에는 to 부정사**

: 목적어와의 관계가 '능동'의 의미가 성립할 때 (이 때 동사원형이 오지 않는다는 점에 유의할 것)

ex He **advised** me **to focus** on the main topic. ('내가 집중한다'는 능동의 의미)

ex Her parents **expected** her **to say** something about the fire. ('그녀가 말한다'는 능동의 의미)

2) | make, find, think, believe, consider | 가목적어 it | 목적격보어 | 진목적어 (주로 to 부정사, that절) |

- make, find, think, believe, consider 등의 동사 뒤에 to 부정사나 that절이 목적어로 나오면 그 자리에 가목적어 it을 쓰고 to 부정사나 that절 (진목적어)을 목적보어 뒤로 배치해야 한다.

ex You'll **find** it possible **to focus** your considerable creative energy on achieving the highest and best of your dreams.

ex They **make** it clear **that** they value what other people bring to the table.

<보기>   ① 가목적어, 진목적어 ② 주격보어 ③ 동사의 목적어

●● 다음 문장에서 밑줄 친 부분이 나타내는 것을 위의 <보기>에서 찾아 번호를 쓰고, 주어진 문장을 해석하시오.

1) We make **it** a rule **to refund the money** if customers bring plastic or paper bags. (   )

해석 : _____ .

2) We often hear **that newborns and infants are comforted by rocking**. (   )

해석 : _____ .

3) People think **it** strange **that she lived alone in that old house**. (   )

해석 : _____ .

4) The trouble is **that we should make enough money for life after retirement**. (   )

해석 : _____ .

●● 다음 문장을 읽고 [괄호] 안의 단어 중, 어법상 옳은 것을 고르시오.

1) They go to see David Ortiz [hit / to hit] a home run in the bottom of the ninth. (고2.15.09)

2) We might find it harder [to engage / engage] in selfexploration. (고3.18.10)

3) Have them [to cross / cross] off days of the week as you come to them. (고3.20.03)

4) She watched the frantic woman [searched / search] through her clothes. (고2.15.06)

5) This is because pupils dilate when it is dark, allowing more light [getting / to get] inside the eyes. (고1.20.11)

6) I heard something [moved / moving] slowly along the walls. (고1.07.03)

문장을 더 길어지게 만들 수도 있나요? (1)

1 구문열차 학습하기

1) 목적어 혹은 보어 뒤에 나올 수 있는 관계대명사와 선행사가 없는 관계대명사

① 주어 + 동사 + 목적어/보어 + 관계대명사 + 불완전한문장구조

> ex People should make [automobiles] **that** don't pollute the air. (that: 선행사가 사람 혹은 사물인 경우)
> ex She is the [first woman] **who** became the president in the world. (who: 선행사가 사람)
> ex He likes [the shirts] **which** I bought for him. (which: 선행사가 사물)

② 주어 + 동사 + 관계대명사(what) + 불완전한문장구조

> ex She wants to know [   ] what you think. (앞의 목적어/보어 : 선행사없음)

2) 목적어 혹은 보어 뒤에 나올 수 있는 관계부사

① 주어 + 동사 + 목적어/보어 + 관계부사 + 완전한문장구조

> ex That is [the reason] [why] she loves him.
> ex My brother had to moved to [the place] [where] he could get a job.
> ex It's [the time] [when] we have to finish our work.
> ex You have to understand [the way] [how] they talk to each other.

*선행사가 때, 장소, 이유를 나타내는 일반적인 명사(time, place, reason)일 경우엔, [괄호] 친 부분과 같이
 [선행사]나 [관계부사] 둘 중 하나를 생략하기도 한다.
*관계부사 how는 the way와 함께 쓰이지 않으므로, [괄호] 친 둘 중의 하나만 쓰거나, the way that으로 쓴다.

2 구문열차 분석하기

●● **다음 주어진 문장에서 관계사와 불완전한 문장구조를 찾아 각각 [괄호]로 표시하시오.**

1) I know the boy who speaks both Korean and English fluently.
2) That was not her shadow which passed the window.
3) He keeps a dog which barks fiercely at other people.

●● **다음 주어진 문장에서 접속사와 완전한 문장구조를 찾아 각각 [괄호]로 표시하시오.**

1) This is the place where I was born and grew up.
2) Nobody knew the reason why he refused to go there.
3) Spring is the season when lilac and cherry trees bloom.
4) He entered the office where his parents worked.

3 구문열차 해석하기

	해석 POINT	
1)	관계대명사(who/which/that)절	열차의 경우: '~하는, ~할' 등으로 해석!
2)	관계대명사(what)절	열차의 경우: '~하는 것, ~할 것' 으로 해석!
3)	관계부사(how/where/when/why)절	열차의 경우: '~하는 (방법/장소/시간/이유)' 로 해석!

●● **다음 밑줄 친 부분을 우리말로 해석하시오.**

1) This is the problem **that he alone has to deal with**.

해석 : _____.

2) He didn't care **what his children had done in his absence**.

해석 : _____.

3) That is the building **where he often goes after work**.

해석 : _____.

4) You'll never know **how she educates the children**.

해석 : _____.

4 구문 열차 확장하기

1) 복합관계대명사

① 복합관계대명사의 구조 : 관계대명사(who/wchich/what) + ever

② 복합관계대명사절을 활용한 문장 구조 :

주어 + 동사 + 목적어/보어 + 복합관계대명사(whoever/whatever/whichever)

+ 불완전한문장구조

해석 요령 : ' 누가/어느 것을/무엇을 ~하더라도' 라고 해석함.
(주의: 명사절의 경우 '누구든지/ 어느것이든지/ 무엇이든지'라고 해석함.)

> ex He would not listen to you **Whatever** you say.
> ex My mother will welcome everyone coming to the party **Whoever** I invite in my birthday party.
> ex You must accept your destiny **Whichever** you select.

2) 복합관계부사

① 복합관계부사의 구조 : 관계부사(how/where/when) + ever

② 복합관계부사절을 활용한 문장 구조 :

주어 + 동사 + 목적어/보어 + 복합관계부사(however/whenever/wherever)

+ 완전한문장구조

해석 요령 : '아무리/어디에/언제 ~하더라도' 혹은 '어떻게/어디/언제 ~든지' 라고 해석함.

> ex We may quit the job **whenever** we want.
> ex Polar bears keep trying to find food **however** cold it is.
> ex The police will follow the criminal **wherever** he goes.

<보기> ① 관계대명사절 ② 관계부사절 ③ 복합관계대명사절 ④ 복합관계부사절

●● 다음 문장에서 <보기>에 해당하는 부분을 찾아 번호를 쓰고, [괄호]로 표시한 후, 문장을 해석하시오.

1) He could hear nothing however hard he listened. (   )

해석 : _____ .

2) We don't know the exact time when it happened. (   )

해석 : _____ .

3) He knows many things which we are ignorant of. (   )

해석 : _____ .

4) I can eat whatever I want and still don't gain weight. (   )

해석 : _____ .

6 구문 열차 어법 확장하기

●● 다음 문장을 읽고 [괄호] 안의 단어 중, 어법상 옳은 것을 고르시오.

1) He concluded [**what / that**] stripes can literally save zebras from diseasecarrying insects. (고1.18.06)

2) His father owned an extensive library [**where / which**] Turner became fascinated with reading about the habits and behavior of insects. (고1.18.11)

3) Kinzler and her team took a bunch of five-month-olds [**whose / who**] families only spoke English and showed the babies two videos. (고1.20.11)

4) Just think for a moment of all the people upon [**where / whom**] your participation in your class depends. (고1.18.03)

5) In 1927, he traveled to Munich, Germany, [**which / where**] some of the most accomplished artists of the period were working. (고2.18.03)

6) All the coal, natural gas, and oil we use today is just solar energy from millions of years ago, a very tiny part of [**it / which**] was preserved deep underground. (고1.20.09)

문장을 더 길어지게 만들 수도 있나요? (2)

1 구문열차 학습하기

1) 접속사의 이해

* 접속사는 말 그대로 단어와 단어, 구와 구, 문장과 문장 등을 이어주는 역할을 하는 말로서 그 의미를 덧붙이거나 문장을 확장할 때 사용되는 문법적 요소입니다.

2) 다양한 접속사의 종류

① **등위 접속사** : 문법적으로 동등한 역할을 하는 단어, 구, 절을 이어주는 역할을 합니다.

등위접속사의 종류 and / or / but / for / so

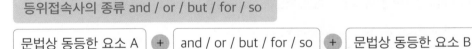

– so와 for 뒤에는 절이 나옴.

> ex They can touch in stores more than products they only see **and** read about online **or** in catalogs.

> ex He fell down on the road, **for** it was very slippery. (이유:~ 때문에)

② **상관접속사** : 두 단어가 짝을 이룬 형태의 접속사로, 문법적으로 동등한 역할을 하는 단어, 구, 절을 이어주는 역할을 합니다.

상관접속사의 종류		
both A and B (A와 B둘 다)	not A, but B (A가 아니라, B이다)	not only A but also B (A뿐만 아니라 B도)
neither A nor B (A도 B도 아닌)	either A or B (A이거나 혹은 B)	

> ex In contrast, our weaker relationships are often with people who are more distant **both** geographically **and** demographically.

> ex Throughout history, the mosquito has been **not only** a nuisance, **but also** a killer, carrying some of the deadliest diseases known to man.

③ **종속접속사** : 문법적으로 대등하지 않은 두 개의 서로 다른 문장을 이어주는 역할을 합니다. 한 문장을 다른 문장 안에 넣는 형태라고 볼 수 있습니다.

종속접속사의 종류와 문장 내에서의 역할		
명칭	종류	역할
명사절 접속사	that, whether	주어, 목적어, 보어
부사절 접속사	because, since, as soon as, while, when, (al)though, if, unless	이유, 시간, 양보, 조건의 의미

ex A recent study shows **that** dogs appear to form mental images of people's faces.

ex They eat as much as possible **while** they can.

ex In supermarkets, the dairy is often at the back, **because** people frequently come just for milk.

2 구문열차 분석하기

<보기>   ① 등위접속사   ② 상관접속사   ③ 종속접속사

●● 다음 주어진 문장에서 접속사를 찾아 밑줄을 치고, 해당하는 접속사를 위의 <보기>에서 찾아 번호를 쓰시오.

1) As soon as the desk arrives, we will telephone you immediately. (   )

2) In other words, coastal ocean currents not only move animals much less often,
   but they also trap animals within near-shore regions. (   )

3) There is a relative increase or decrease in the rate of the cells per unit area. (   )

4) It occurred to her that the study upstairs was always kept closed. (   )

5) The last type is neither systematic nor logical. (   )

6) More glass was landfilled than textiles in 2000, but more textiles were landfilled than
   glass in 2017. (   )

3 구문열차 해석하기

1) **명사절** 을 이끄는 접속사 열차의 경우 : '~하는 것, ~하기' 등의 명사형으로 해석!

종류 that : ~하는 것, ~하기   what : ~하는 것, ~하기   if(whether) : ~인지 아닌지 하는 것

2) **부사절** 을 이끄는 접속사 열차의 경우 : 각 각의 주어진 접속사의 다양한 뜻을 적용하여 해석!

종류 as : ~할 때, ~ 때문에, ~일지라도 / if : 만약 ~한다면 / when : ~할 때 / as soon as : ~하자마자
/ unless : 만약 ~하지 않는다면 / because : ~ 때문에 / (al)though : 비록 ~일지라도

ex) **as** :~할때,~때문에,비록~일지라도/ **when** :~할 때   / **while** :~하는 동안, 반면에

after : ~후에   / **as soon as** : ~하자마자   / **because** : ~ 때문에

if : 만약 ~한다면   / **unless** : 만약 ~하지 않는다면 / **(al)though** : 비록 ~일지라도

●● **해석 POINT를 활용하여 밑줄 친 부분을 해석하시오.**

1) They didn't trust that the future would be better than the present.

해석 : _____.

2) Compounding the difficulty is what ergonomists call information overload.

해석 : _____.

3) Daylight isn't the only signal that the brain can use for the purpose of biological clock resetting, though it is the principal and preferential signal, when present.

해석 : _____.

4) As you have completed your three months in the Sales Department, it's time to move on to your next department.

해석 : _____.

다양한 접속사들의 구분법

1) 접속사와 관계대명사의 구분

선행사 X	접속사	뒷문장이 완전한 절(주요 문장성분이 모두 있음)
선행사 O	관계대명사	뒷문장에서 주어, 목적어, 전치사의 목적어 등 **주요 문장성분**이 빠져 선행사로 드러남

> **ex** Experts suggest **that** young people stop wasting their money on unnecessary things.
> (뒷 문장이 완전한 절)

> **ex** They depend on an existing context **which** has been in the making for a long time.
> (주어가 빠져있음)

2) 접속사 that과 관계대명사 what의 구분

선행사 X	that	완전한 절(주요 문장성분이 모두 있음)
선행사 X	what	주어, 목적어, 전치사의 목적어 등 주요 문장 성분이 빠져 what에 포함

> **ex** We believe **that** the quality of the decision is directly related to the time and effort.
> (뒷 문장이 완전한 절)

> **ex** Your drawing will look completely different from **what** you are seeing with your mind's eye.
> (뒷 문장의 동사 are seeing의 목적어가 빠져 있으며 선행사도 보이지 않음-what에 포함)

5 구문 열차 실전 문제

●●● **다음 문장에서 접속사 또는 관계사가 이끄는 절에 밑줄을 치고 밑줄 친 부분을 우리말로 해석하시오.**

1) One outcome of motivation is behavior that takes considerable effort. (고1.18.06)

해석 : _____.

2) As soon as the white ray hit the prism, it separated into the familiar colors of the rainbow. (고1.18.06)

해석 : _____.

3) We are looking for a diversified team where members complement one another. (고1.19.03)

해석 : _____.

4) We expect that delivery will take place within two weeks. (고1.18.09)

해석 : _____.

5) Although you are free to choose, you can't choose the consequences of your choices. (고1.18.03)

해석 : _____.

6 구문 열차 어법 확장하기

●● 다음 주어진 문장의 [괄호] 안에서 어법상 옳은 것을 고르시오.

1) He saw German and Flemish artworks [if / which] influenced him greatly. (고2.18.03)

2) A study of the history reveals [what / that] mathematicians had thought of all the essential elements of calculus before Newton or Leibniz came along. (고2.19.06)

3) [That / What] is commonly known as "average life expectancy" is technically "life expectancy at birth."(고2.19.09)

4) Life expectancy at birth is an unhelpful statistic [if / whether] the goal is to compare the health and longevity of adults. (고2.19.09)

5) People had the opportunity to socialize [while / which] styling each other's hair, and the shared tradition of hair was passed down. (고2.20.11)

6) I was still skeptical [whether / that] I would win a prize or not. (고2.20.06)

6일차
문장의 **순서가 뒤바뀔 수도** 있나요?

---

1 구문열차 학습하기

1) 도치에 대한 이해

* 영어에서 의문문이나 감탄문을 만들 때, 또는 일부 단어나 어구를 강조할 때 주어와 동사의 순서를 뒤바꾸는 것 또는 어떤 문장성분이 문장의 뒤에서 앞으로 위치가 바뀌는 것을 '**도치**'라고 합니다.

일반적 어순	도치된 어순
주어 + 동사	동사 + 주어
주어 + 동사 + 보어	보어 + 동사 + 주어
주어 + 동사 + 목적어	목적어 + 주어 + 동사

2) 도치의 종류 : 문장에서 도치가 일어날 수 있는 요소는 아래와 같습니다.

① 주어와 동사의 도치

의문사 / There + 동사 + 주어

ex **What** [do you want] to be in your future?

ex **There** [are two cars] in the parking lot.

② 목적어의 도치

목적어 + 주어 + 동사

ex **The book** [she read] when she was seventeen.

ex **The English** [I like to study], but **the math** [I don't like.]

③ 보어의 도치

보어 (형용사) + 동사 + 주어

ex **Interesting** [are the books] which the author writes.

ex **Happy** [are those] who always in good health.

④ 감탄문

How 형용사/부사 / What a(an) 형용사 명사 + 주어 + 동사

ex **What a wonderful world** [it is]!

ex **What a nice man** [he is]!

ex **How beautiful** [it is]!

2 구문열차 분석하기

<보기>　　　　① 의문사/there 도치　② 목적어의 도치　③ 보어의 도치　④ 감탄문

●● 다음 문장에서 해당하는 도치의 원인을 위의 <보기>에서 찾아 번호를 쓰시오.

1) What is the cause of this phenomenon?　　　　(　　)
2) How foolish you are!　　　　(　　)
3) That man I saw when I was on my way to home.　(　　)
4) Beautiful is the woman wearing a red skirt.　　(　　)
5) There are two cups on the cupboard.　　　　(　　)

3 구문열차 해석하기

1) 주어와 동사의 도치

| There | + | 동사 | + | 주어 |

≫ 'There'은 의미가 없으므로 따로 해석하지 않고 '주어가 있다/~하다'의 의미로 해석

ex) There are two teacher giving me an advice. (나에게 교훈을 주신 선생님이 두 분 있다.)

2) 목적어의 도치

| 목적어 | + | 주어 | + | 동사 |

≫ '목적어를 주어 동사한다' 의미로 순서대로 해석

ex) His name I could never remember. (그의 이름을 나는 기억할 수 없었다.)

3) 보어의 도치

| 보어 (형용사) | + | 동사 | + | 주어 |

≫ '보어인 것은 주어 동사이다'의 의미로 해석

ex) Stupid are you that trust him. (어리석은 것은 그를 믿고 있는 너이다.)

4) 감탄문

| How 형용사/부사
What a 형용사 명사 | + | 주어 | + | 동사 |

≫ '주어는 얼마나 ~한가'의 의미로 해석

ex) How intelligent he is! (그가 얼마나 지적인가!)

●● **해석 POINT를 활용하여 다음 문장을 해석하시오.**

1) There have been so many car accidents so far.

해석 : _____.

2) The man I met on my way to home last night.

해석 : _____.

3) Such was her kindness that we will never forget her.

해석 : _____.

4) His hobby I like very much, but his character I don't like.

해석 : _____.

4 구문 열차 확장하기

* 도치를 일으키는 요소들

1) If의 생략으로 인한 도치

| If 생략 | | 동사 | | 주어 |

> **ex** **Were I** you, I would not do that! = **If I were** you, I would not do that!

> **ex** **Had he seen this**, he would have been upset. = **If he had seen this**, he would have been upset.

2) 부정어구가 문장 앞에 위치할 때 발생하는 도치

| 부정어 (not, never, hardly, scarcely, little, nor, neither 등)
부정어가 포함된 전치사구(by no means, under no circumstance)
Only + 부사구/부사절 | + | (의문문의 형식)
be + 주어
조동사 + 주어 + 동사 원형
have + 주어 + p.p. |

> **ex** [Under no circumstances] **would I do** such a bad thing.

> **ex** [Only through] this way **can you fix** this matter.

> **ex** [Not] a single word **did she** utter all day long.

3) 부사(구)가 문장 앞에 위치할 때 발생하는 도치

| 장소의 부사(구)/ 부사어 | | 동사 | | 주어 |

> **ex** [In the valley] **were the footprints of the tiger**.

> **ex** [Here] **comes the bus**. / [Down] **came the snow**.

> **ex** She likes to go fishing, and [so] **do I**.

●● 다음 문장에서 도치를 일으키는 요소를 찾아 [괄호]로 표시하고, 도치가 일어난 부분을 밑줄 친 후, 문장을 해석하시오.

1) What do advertising and mapmaking have in common? (고1.17.03)

해석 : _____.

2) Not only were these officials interested in how their companies could profit by producing "green" products, but they were often given the task of making the company more efficient by reducing wastes and pollution and by reducing its carbon emissions. (고3.20.06)

해석 : _____.

3) However, as pollution increases, so does the amount of carbon dioxide. (고3.03.10응용)

해석 : _____.

4) Never before and never since has the quality of monumentality been achieved as fully as it was in Egypt. (19학년도 수능)

해석 : _____.

●● 다음 문장에서 [괄호] 친 부분 중 어법상 옳은 것을 고르시오.

1) Keep working on one habit long enough, and not only [**do / does**] it become easier, but so do other things as well. (고1.17.03)

2) Only recently [**has / have**] humans created various languages and alphabets to symbolize these "picture" messages. (고1.18.03)

3) It can be tough to settle down to study when there [**is / are**] so many distractions. (고1.19.03)

4) Nor [**do / does**] the traditional view recognise the role that non-intellectual factors, especially institutional and socio-economic ones, play in scientific developments. (20학년도 수능)

7일차

문장의 **요소가 생략될 수도** 있나요?

7일차 학습 날짜 : _____년 ___월 ___월

학습 시간 ___:___~___:

1 구문열차 학습하기

1) 생략에 대한 이해

생략 이전의 내용과 동일한 내용을 이해할 수 있다는 전제하에, 의미상 중복 사용된 부분은 언어 사용의 경제성을 위해서 생략할 수 있습니다. 생략이 된 부분은 구문에서 보이지 않기 때문에, 구문학습을 통해 생략의 종류와 특징을 배워봅시다.

2) 생략의 종류

① 반복 어구 생략

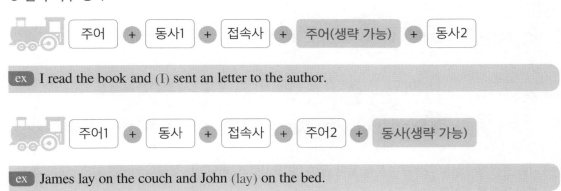

주어 + 동사1 + 접속사 + 주어(생략 가능) + 동사2

ex I read the book and (I) sent an letter to the author.

주어1 + 동사 + 접속사 + 주어2 + 동사(생략 가능)

ex James lay on the couch and John (lay) on the bed.

② 목적격 관계대명사의 생략

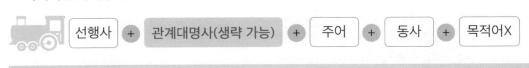

선행사 + 관계대명사(생략 가능) + 주어 + 동사 + 목적어X

ex He has everything (that) I want to have.

③ 주격관계대명사 + be동사 생략

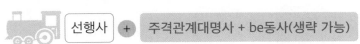

선행사 + 주격관계대명사 + be동사(생략 가능)

ex I know the man (who is) working at our company.

폭망그만 구문어휘 **구문편** 39

④ 접속사 that 생략

| 주어 | + | 동사 | + | 접속사 that (생략 가능) | + | 주어 | + | 동사 |

ex I believe (that) you did not break the rules.

⑤ 부사절접속사 (as, if, than, though, when 등) 뒤 주어+be동사 생략(주절의 주어와 일치)

| 부사절접속사 | + | 주어1 + be동사(생략 가능) | + | 보어 | + | 주어1 | + | 동사 |

ex When (he was) young, he was too shy.

2 구문열차 분석하기

| <보기> | ① 반복어구　② 목적격 관계대명사　③ 주격관계대명사+be동사
④ (동사의 목적어나 보어자리에 있는) 접속사 that
⑤ 부사절 접속사 (as, if, than, though, when, while 등) 뒤 주어+be동사 |

●● **다음 문장에서 생략 가능한 부분을 찾아 [괄호]로 표시하고, 해당하는 생략의 원인을 위의 <보기>에서 찾아 번호를 쓰시오.**

1) The girl read the book which was written in English. 　(　)
2) While she was watching the movie, she fell asleep. 　(　)
3) He knows that his son went to school yesterday. 　(　)
4) He likes the woman that he met in the cafeteria. 　(　)
5) The boy likes to study math but he hates to study history. (　)

해석 POINT

① 반복어구의 생략

>> 문장에서 빠진 성분(주어/동사)을 확인 후, 앞에 이미 나온 성분(주어/동사)을 대입하여 해석

| 주어 | + | 동사1 | + | 접속사 | + | 동사2 |

'주어가 동사1하고 동사2한다'라고 해석.

ex) She picked up a book and (she) read it carefully. (그녀는 책 한권을 들고 자세히 읽었다.)

② 목적격 관계대명사의 생략

>> 접속사 없이 문장이 연결되는 것을 확인(주어+동사)후, 뒤에 목적어가 없으면 '~하는'으로 해석

| 선행사 | + (| 주어 | + | 동사 | + | 목적어 X |)

'주어가 동사하는 선행사'라고 해석.

ex) I have many friends (that) I fully trust. (나는 전적으로 신뢰하는 많은 친구가 있다.)

③ 부사절접속사 (as, if, than, though, when, while 등) 뒤 주어+ be동사 생략

>> 부사절 접속사 뒤에, 주어와 동사가 없이 보어만 있고, 바로 주어와 동사가 이어질 때, 뒤의 주어가 보어
하는 접속사 해석(~할 때, ~라면, ~보다, 비록~일지라도, ~하는 동안에 등)

| 부사절접속사 as, if, than, though, when, while | + | 보어 | , | 주어 | + | 동사 |

'뒤의 주어가 보어 ~할 때, ~라면,~보다, 비록~일지라도, ~하는 동안에'라고 해석.

ex) Though (she is) young, she is very sensible and considerate.
(비록 그녀는 어릴지라도, 매우 분별력있고 사려심이 깊다.)

●● **해석 POINT를 활용하여 다음 문장을 해석하시오.**

1) Some of students spoke English, others Chinese.

해석 : _____.

2) He is the man that I talked about.

해석 : _____.

3) If possible, I would like a room with a view of the lake.

해석 : _____.

4 구문 열차 확장하기

1) 『충고/주장/제안/명령/요구』 의미 동사 + that + 주어 + should (생략가능) + 동사

⋙ advise/insist/suggest/recommend /order/demand/request

⋙ 수일치 및 시제일치가 안 맞는 것처럼 보임

ex The doctor told him that he (should) <u>stop</u> working. (당위성의 의미를 포함한 문장)

ex She suggested that her father (should) <u>accept</u> the offer. (당위성의 의미를 포함한 문장)

ex The manager insisted that the event <u>had been canceled</u>.
(당위성의 의미가 아닌 경우, 주절과 종속절의 의미를 파악한 후, 그것에 맞춰 수와 시제를 일치시켜야 함.)

2) It is + 중요/필수/필요/강제의 의미 형용사 + that + 주어 + should (생략가능) + 동사

⋙ important/essential/necessary/imperative

ex It's important that your son (should) sleep well.

ex It's essential that he (should) know the secret.

5 구문 열차 실전 문제

●● 다음 문장에서 생략 가능한 부분을 찾아 [괄호]로 표시하고, 해석하시오.

1) While he was there, he saw German and Flemish artworks that influenced him greatly, especially the work of Jan van Eyck. (고2.18.03)

해석 : _____

2) We are concerned we have not heard from you since we sent you the selections that you chose when you joined the Club. (고2.18.03)

해석 : _____.

3) One day, Jack realized that it was more important to allow Mark some experience with losing. (고2.18.03)

해석 : _____.

4) Our children would be horrified if they were told that they had to go back to the culture of their grandparents. (고3.19.03)

해석 : _____.

6 구문 열차 어법 확장하기

●● 다음 문장을 읽고 [괄호] 안의 단어 중, 어법상 옳은 것을 고르시오.

1) Spend time going over the schedule for that day, giving them choices in that schedule wherever **[it is / they are]** possible. (고3.20.03)

2) But like all things **[that / what]** we hope to teach our children, learning to cooperate or to compete fairly takes practice. (고2.18.03)

3) The average speed of the boats was a little over four miles an hour, **[which was / which were]** slow compared to a rider on horseback. (고3.17.04)

4) A less obvious drawback is the limited range of data **[that / what]** the experiment can generate. (21학년도 수능)

5) In every history on the subject, the evidence suggests that early human populations **[prefer / preferred]** the fat and organ meat of the animal over its muscle meat. (고2.15.03)

의미를 강조하는 구문도 있나요?

1 구문열차 학습하기

1) 'It be ~ that …' 구조를 활용해 주어/목적어/부사구(절)을 강조합니다.

주어	+	동사	+	목적어	+	부사구(절)
①				②		③

[① 또는 ② 또는 ③을 강조할 경우]

» | It | + | be | + | 주어/목적어/부사구(절) | + | that | + | ① 또는 ② 또는 ③이 빠진 문장 |

① ② ③

> ex It is **my mom** that always love and care for me. (주어 강조)
>
> ex It is **you** that I want to meet. (목적어 강조)
>
> ex It was **two days ago** that I could finish my report. (부사구 강조)

2) 그 밖의 강조 표현

① not A until B

not + A (동사) + until + B (특정 시점) : B이후에 'A했음'을 강조

> ex I **didn't** know him **until** the event happened yesterday.

② not A but B

not + A + but + B : A가 아니라 'B'임을 강조

> ex The important thing is **not** what you used to be, **but** what you are.

③ B as well as A

B + as well as + A : A뿐만 아니라 'B'임도 강조

> ex I want to learn Spanish **as well as** Engilsh.

2 구문열차 분석하기

> <보기> ① 주어 ② 목적어 ③ 부사구(절) ④ not A until B ⑤ not A but B ⑥ B as well as A

●● 다음문장에서 강조된 부분에 <u>밑줄</u>을 치고 해당하는 강조용법을 보기에서 찾으시오.

1) It was last month that I arrived here. (   )
2) It was in the library that I studied English yesterday. (   )
3) It was when she started drama classes that she really came out of herself. (   )
4) It was Alex that I met on the street last night. (   )
5) It is Jane that wants to study abroad after graduation. (   )
6) I didn't want money, but your love. (   )
7) I couldn't see the sheer scale of the damage until morning. (   )
8) Making harps as well as playing the harp is also an art. (   )
9) Sometimes they may not strike the guilty person, but rather one of his relatives. (   )

3 구문열차 해석하기

| 해석 POINT |

1) | It | + | be | + | 주어/목적어/부사구(절) | + | that | + | ① 또는 ② 또는 ③이 빠진 문장 |

①　②　③

<u>'that ~이하의 내용은 바로 ①/②/③ 이다'</u> 로 해석

2) not A until B

| not | + | A (동사) | + | until | + | B (특정 시점) |

<u>'B라는 특정 시점(시간)이 지나고 나서야 비로소 A했음'</u> 을 강조해서 해석

3) not A but B

| not | + | A | + | but | + | B |

<u>'A가 아니라 B다'</u> 로 해석

4) B as well as A

| B | + | as well as | + | A |

<u>'A 뿐만 아니라 B도'</u> 로 해석

●● 해석 POINT를 활용하여 다음 문장을 해석하시오.

1) It was the pictures that were taken last week in the Caribbean by Dr. Peter Allinson.

해석 : _____.

2) The great composers didn't follow the rules, but made the rules follow them.

해석 : _____.

3) I didn't fall asleep until the dawn.

해석 : _____.

4) The mind needs exercise as well as the body.

해석 : _____.

4 구문 열차 확장하기

* It be ~ that 강조 구문이 다른 강조 구문과 결합 된 형태

= It + be + not A but B + that + 나머지 문장 + …

= It + be + not until B + that + A + …

> ex It's **not** her **but** you that I love.
>
> ex It's **not until** I was thirteen years old that I could speak English.

5 구문 열차 실전 문제

●● 다음을 읽고 강조된 표현을 찾아 밑줄을 치고, 문장을 해석하시오.

1) Selfish adults or kids do not make sound decisions as well as do grateful people. (고1.13.09)
해석 : _____.

2) Ultimately, it is not the result but your commitment to the process that will determine your progress. (고1.20.06 응용)
해석 : _____.

3) It's that force that stings your skin and makes falling into water from a great height like landing on concrete. (고2.20.11)

해석 : _____.

4) It was not until then that Bahati finally realized the meaning of the words of the poor old woman. (고2.19.11 응용)

해석 : _____.

6 구문 열차 어법 확장하기

●● 다음 문장을 읽고 [괄호] 안의 단어 중, 어법상 옳은 것을 고르시오.

1) It is not the money [that / what] is valuable, but the fact that it can potentially yield more positive experiences. (16학년도 수능)

2) It is the interaction of these rules with the environment that actually [produce / produces] the complex trajectory, not the ant alone. (21학년도 수능)

3) It is those explorers, through their unceasing trial and error, [who / which] have paved the way for us to follow. (07학년도 수능)

4) It is not until it becomes a collective product [that / when] a scientific truth has standing. (고3.18.06)

9일차
꼭 알아야 할 비교구문도 있나요?

---

1 구문열차 학습하기

1) the + 비교급 + 주어+동사,··· the + 비교급 + 주어+동사 ~ : ···하면 할수록, 더 ~하다

[the] + [비교급] + [주어] + [동사] , [the] + [비교급] + [주어] + [동사]

ex The more we have, the more we want.

2) 원급·비교급을 이용한 배수 표현

① [A(주어)] + [동사] + [배수표현] + [as] + [원급] + [as] + [B] ...

② [A(주어)] + [동사] + [배수표현] + [비교급] + [than] + [B] + ...

③ [A(주어)] + [동사] + [배수표현] + [the] + [명사] + [of] + [B] ...

ex This new model is twice as expensive as last year's.
ex She has three times more books than I.
ex This building is twice the size of that one.

3) 최상급의 의미를 나타내는 다양한 표현

① [the] + [형용사/부사의 최상급] ...

② [부정표현 + 동사] + [as(so)] + [원급] + [as] ...

③ [부정표현 + 동사] + [비교급] + [than] ...

④ [비교급] + [than any other] + [단수명사] ...

ex Jane is **the smartest** girl in this class.

ex **No** one in this class is **as(so) smart as** Jane.

ex **No** one in this class is **smarter than** Jane.

ex Jane is **smarter than any other** girl in this class.

2 구문열차 분석하기

<보기>	① the+비교급+주어+동사, the+비교급+주어+동사 ② 원급·비교급을 이용한 배수 표현
	③ 최상급의 의미를 나타내는 표현

●● 다음 문장에서 비교의 표현에 밑줄을 치고, 해당하는 비교표현을 위의 <보기>에서 찾아 번호를 쓰시오.

1) My score is twice as high as yours.   (   )

2) The wiser she is, the more popular.   (   )

3) This is three times the width of that.   (   )

4) No man in the world works so diligently as you.   (   )

5) The longer the life, the more the shame.   (   )

6) That is twice longer than ordinary buses.   (   )

3 구문열차 해석하기

해석 POINT

① the + 비교급 + 주어 + 동사 , the + 비교급 + 주어 + 동사

~하면 할수록(앞 비교급), 더 ~하다(뒤 비교급)

② 부정표현 + 동사 + as(so)원급 as /비교급 than + A

A가 가장 원급/비교급 하다

③ 배수사 + as(so)원급 as = 배수사 + 비교급 + than

~배 만큼 ~하다 = ~보다 ~배 더 ~하다

●● 1) 해석 POINT를 활용하여 다음을 해석하시오.

① The sooner it is, the better it is.

해석 : _____.

② The shorter the sentence is, the easier it is to remember.

해석 : _____.

●● 2) 주어진 문장과 같은 의미가 되도록 ( )에 들어갈 말을 완성하여 해석하시오.

Amy is the tallest girl in her class.

① = No girl in her class is so (   ) as Amy.

해석 : _____.

② = No girl in her class is (   ) than Amy.

해석 : _____.

This line is twice as long as that line.

③ = This line is twice (   ) than that line.

해석 : _____.

④ = This line is twice the (   ) of that line.

해석 : _____.

4 구문 열차 확장하기

* 원급·비교급·최상급을 활용한 관용표현

① A라기 보다는 B이다.

| not so much | + | A | + | as | + | B |

= | B | + | rather | + | than | + | A |

ex He is **not so much** a scholar **as** a writer.
= He is a writer **rather than** a scholar.

② C가 D가 아니듯이 A도 B가 아니다.

| A | + | is | + | no more | + | B | + | than | + | C | + | is | + | D |

ex I am **no more** a genius **than** you are a genius.

●● 다음 문장을 읽고 비교의 표현을 찾아 밑줄을 치고 문장을 해석하시오.

1) A whale is no more a fish than a horse is a fish.

해석 : _____.

2) The more pervasive combative sports are in a society, the more likely that society is to engage in war. (고2.19.11)

해석 : _____.

3) The better we understand something, the less effort we put into thinking about it. (고2.19.11)

해석 : _____.

4) If one looks at the Oxford definition, one gets the sense that post-truth is not so much a claim that truth *does not exist as that facts are subordinate to our political point of view.* (고3.19.09)

해석 : _____.

●● 다음 문장을 읽고 [괄호] 안의 단어 중, 어법상 옳은 것을 고르시오.

1) The more [**sociable / sociably**] a person was, the less subject he was to contagion. (고3.09.06)

2) The more an event is socially shared, the more it will be [**fixed / fixing**] in people's minds. (19학년도 수능)

3) The elderly did not so much lose their minds [**as / than**] lose their place. (고3.19.09)

4) It takes two to six times more grain to produce food value through animals than [**to get / getting**] the equivalent value directly from plants. (고3.20.09)

10일차

구문에서 독해로 연결하기

1 문장의 기본 개념 이해

명칭	형태	의미
단어	개별 단어	개별 단어의 의미
구	개별 단어 + 개별 단어 + 추가 가능	복합된 단어의 의미 (2개 이상의 단어)
절(문장)	주어 + 동사	개별 문장으로서의 의미 (주어와 동사를 포함한 최소 문장 단위)
복문	주어 + 동사 + 접속사 주어 + 동사 + 추가 가능	복합된 문장의 의미 (2개 이상의 문장 덩어리)

2 문장 길이의 확장 원리

≫ 수식어를 제외하고 핵심요소인 주어와 동사의 파악이 우선!

수식어① , 주어 수식어② + 동사 + 보어/목적어 + 수식어③ , 수식어④

수식어 종류	형태	핵심 요소 파악방법
수식어① ④	**<문장 전체를 꾸며주는 수식어>** 전치사구, to 부정사구 분사구문(V~ing/V~ed), 시간, 이유, 조건, 양보부사절	구문 분석을 통해 수식어 제외
수식어② ③	**<주어, 목적어, 보어 등의 명사를 꾸며주는 수식어>** 전치사구, to 부정사구 분사구(V~ing/V~ed), 관계사절	

3 구문 독해 적용하기

1) 동사를 찾아라

≫동사를 찾으면 동사 바로 앞까지가 '주어부'라고 생각하자.

주어 (은, 는, 이, 가)	동사 (~다, 이다, 하다)
단어(명사/대명사) 구(to 부정사, 동명사) "~것" 절(that/what) "~것" 절(whether) "~인지 아닌지" 절(의문사) "의문사 ~ 인지" 절(복합관계대명사) "~ 든지"	동사

* if가 '~인지 아닌지'의 의미일 때 주어 자리에는 쓰이지 않음.

≫ 한 문장에 동사가 2개 이상인 경우

① 한 문장에서 동사가 여러 개인 경우에는 두 개를 이어주는 **접속사** 필요
  ∴ <u>문장의 동사의 수 = 접속사의 수 + 1</u>

② 주어1과 동사1 사이에 목적격 관계대명사절이 오면 관계대명사는 생략 가능
  ∴ 주어1 + **목/관 생략** + 주어2 + 동사2 + 동사1

③ 주어+동사의 절이 연달아 나오는 경우 보어나 목적어 역할의 접속사 that은 생략 가능
  ∴ 주어 + 동사 + **접속사 that 생략 가능** + 주어 + 동사

2) 수식어를 묶어라 (수식어는 바로 앞말을 수식한다!)

① 명사 뒤에서 명사를 꾸며주는 수식어

해석 : "~ 하는 명사"	
명사 +	※ 수식어의 종류 [전치사 + 명사]구 [to 부정사]구 [현재분사 / 과거분사]구 [관계대명사 / 관계부사]절

② 문장의 앞·중간·뒤에서 꾸며주는 수식어

1) 전치사 + 명사 2) toV (~하기 위해) 3) 분사구문 (~하는/하면서)	4) 시간, 이유, 조건, 양보의 부사절 5) 복합 관계사절(~하더라도)

3) 콤마(,)를 활용해라 : 마지막 콤마(,) 뒤에 and/or 유무로 삽입/병렬 구별하기

> 문장이 끝나지 않았는데 콤마(,)로 끊겼다면 삽입이나 병렬을 의심하라!
> 마지막 콤마 뒤에 and/or 등이 있으면 병렬, 없으면 삽입!

(1) 삽입 구조 : A, B, C (B인 A는 C이다)

≫ 양쪽 콤마를 괄호로 묶으면 앞·뒤 구조가 연결되어 원래의 문장이 됨.

ex The man, who is walking in front of me, is my dad.

(2) 병렬 구조 : A, B, and/or C

≫ 병렬 구조는 A, B, C가 동일 형태로 마지막 콤마(,) 뒤의 and/or로 삽입과 구별

ex What is the cultural rank order of rock, jazz, **and** classical music?

실전 연습 문제1 (1~6)

1. 다음 문장에서 주어를 [괄호]로 묶고, 동사에 밑줄을 치고, 문장을 해석하시오.

1) A quite big fire broke out last night in the downtown.

해석 : _____.

2) Learning a second language is easy for young children.

해석 : _____.

3) That people do not care of climate change is a shame.

해석 : _____.

4) One more thing you need to do is to join a club devoted to mathematics.

해석 : _____.

5) What I can do for you is to trust you.

해석 : _____.

6) Whoever has to look after young children soon realizes that much sympathy is a mistake.

해석 : _____.

2. 다음 문장에서 주어를 [괄호]로 묶고, 동사에 밑줄을 치고, 문장을 해석하시오.

1) A very beautiful beach is in front of us.

해석 : _____.

2) To ignore other's idea is very rude.

해석 : _____.

3) That he is a great singer is already well known.

해석 : _____.

4) Whether it rains or not doesn't matter at all.

해석 : _____.

5) What makes you happy is up to you.

해석 : _____.

6) Whatever she did was done with determination and rapidity.

해석 : _____.

3. 다음 문장에서 접속사를 [괄호]로 묶고, 동사에 밑줄을 치고, 문장을 해석하시오.

1) She reported that she ate a plate of spaghetti noodles the night before a race.

해석 : _____.

2) There are reports that marathon runners in the 1908 Olympics drank cognac to improve performance.

해석 : _____.

4. 다음 문장에서 주어나 보어를 수식하는 수식어를 [괄호]로 묶고, 동사에 밑줄을 치고, 문장을 해석하시오.

1) The man whom you met at my party yesterday is vegetarian.

해석 : _____.

2) The lawyer whom I consulted gave me practical advice.

해석 : _____.

3) This is the novel of writer whom I believe to be greater than shakespear.

해석 : _____.

1) The house along the river bank is the expensive one in our village.

해석 : _____.

2) What is the most effective way to learn foreign language?

해석 : _____.

3) One of my friends is an Englishman born and bred in London.

해석 : _____.

4) I can't find the place where I had grown up.

해석 : _____.

5) I know the exact time when the accident happened last night.

해석 : _____.

1) The old woman with a silk dress is the queen.

해석 : _____.

2) Is there any other way to recover it?

해석 : _____.

3) The boy reading a book in the next room is my son.

해석 : _____.

4) The girl who came here just now is my daughter.

해석 : _____.

5) That is the place where the accident occurred.

해석 : _____.

실전 연습 문제2 (7~11)

---

7. 다음 문장에서 수식어를 [괄호]로 묶고, 동사에 밑줄을 치고, 문장을 해석하시오.

1) Through the miscommunication, we lost good chance to win.

해석 : _____.

2) I have come here to talk with you in person.

해석 : _____.

3) Although he is rich, he is not happy.

해석 : _____.

4) There is no doubt about whatever it is.

해석 : _____.

5) You may take whichever book you like.

해석 : _____.

---

8. 다음 문장에서 수식어를 [괄호]로 묶고, 문장을 해석하시오.

1) After all my trouble, you have learned nothing.

해석 : _____.

2) He must be mad to say such a thing.

해석 : _____.

3) Seeing a police man, he ran off immediately.

해석 : _____.

4) If you are honest, I will hire you at once.

해석 : _____.

5) Whoever you may be, I don't believe what you say.

해석 : _____.

9. 다음 문장에서 삽입된 부분을 [괄호]로 묶고, 주절의 동사(구)에 밑줄을 치고, 문장을 해석하시오.

1) My wife, Jane, is wearing a blue skirt.

해석 : _____.

2) His opinion, it seems to me, is not worth considering.

해석 : _____.

3) Spiders, though not generally popular, are true friends of man.

해석 : _____.

4) What survives these ancient societies is, for the most part, a pile of receipts.

해석 : _____.

5) A dictatorship can, in theory, be brutal or benevolent; anarchy can, in theory, consist of "mutual aid" or a "war of all against all" that proceeds in the absence of any rule of law whatsoever.

해석 : _____

_____.

6) We often hear stories of ordinary people who, if education had focused on creativity, could have become great artists or scientists.

해석 : _____.

10. 다음 문장에서 병렬구조를 이루는 부분을 찾아 [괄호]로 표시하고, 문장을 해석하시오.

1) Lie detector measures and analyzes physiological changes in respiration, perspiration, muscular grip, and blood pressure.

해석 : _____.

2) The new project is brilliant, economical and workable.

해석 : _____.

3) He spoke clearly, resolutely and confidently.

해석 : _____.

4) To answer correctly is more important than to finish quickly.

해석 : _____.

5) The duty of policeman are taking care of citizen, preventing crime, and saving a life.

해석 : _____.

6) Having eaten and drunk too much the night before, he woke up with headache.

해석 : _____.

11. 다음 문장에서 생략 가능한 부분을 찾아 [괄호]로 표시하고, 문장을 해석하시오.

1) One sister lives in Seoul and the other sister lives in New york.

해석 : _____.

2) I have a rare book which was written in old English in my house.

해석 : _____.

3) She told Serene that she had to keep trying if she wanted to succeed.

해석 : _____.

4) It is starting with what we already believe and insisting that reality should fit it.

해석 : _____.

5) Aside from wanting to look and smell your best, the time that you spend getting ready is prime
   time to be aware of everything that you're doing.

해석 : _____.

6) Even if you are not operating globally, you will find that there is an increasing level of diversity
   among the people you work with.

해석 : _____.

어휘편

최신 수능기출 180 어휘! 12일 완벽 암기!
의미중심 어휘 학습방법

1. 단계별 어휘학습법

1 단계 : | 수능기출 어휘 | + | 수능기출 예문 | 학습

>> 예문을 통해 수능 기출 어휘들이 실제 활용되는 의미를 학습!

2 단계 : | 함께 공부하면 좋은 어휘 | 학습

>> 수능 기출 어휘와 관련이 있는 파생된 형태의 어휘들(유의어,반의어,혼동어)까지 학습!

3 단계 : | Test |

>> 학습한 어휘들을 '의미 중심'으로 확인 및 점검!

단계별 습득을 통해 더 많은 어휘 학습으로 확장!

2. 어휘 학습교재 구성 및 특징

<학습 가이드 : 1일 단위>   <1일 테스트 점검>

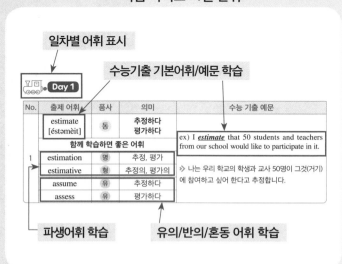

No.	출제 어휘	품사	의미	수능 기출 예문
1	estimate [éstəmèit]	동	추정하다 평가하다	ex) I **estimate** that 50 students and teachers from our school would like to participate in it. ▶ 나는 우리 학교의 학생과 교사 50명이 그것(거기)에 참여하고 싶어 한다고 추정합니다.
	함께 학습하면 좋은 어휘			
	estimation	명	추정, 평가	
	estimative	형	추정의, 평가의	
	assume	유	추정하다	
	assess	유	평가하다	

No.	출제 어휘	품사	의미	수능 기출 예문
2	exotic [igzátik]	형	이국적인	ex) None of the wildlife I saw was **exotic**. ▶ 눈에 보이는 야생 생물 중 아무것도 이국적이지 않았다.
	함께 학습하면 좋은 어휘			
	exoticism	명	이국적임	
	exotically	부	이국적으로	
	foreign	유	외국의	
	alien	유	외국의, 외래의	

No.	출제 어휘	품사	의미	수능 기출 예문
3	conventional [kənvénʃənl]	형	기존의, 전통적인	ex) You have to challenge the **conventional** ways of doing things and search for opportunities to innovate. ▶ 일을 하는 기존 방식에 이의를 제기하고 혁신할 수 있는 기회를 찾아야 한다.
	함께 학습하면 좋은 어휘			
	conventionalize	동	관습에 따르게 하다	
	convention	명	관습, 관례	
	customary	유	관례적인	
	unconventional	반	관습에 얽매이지 않는	

No.	출제 어휘	품사	의미	수능 기출 예문
4	comfort [kʌmfərt]	명	안락, 편안	ex) To become a better leader, you have to step out of your **comfort** zone. ▶ 더 훌륭한 지도자가 되기 위해서는, 자신이 편하고 익숙한 영역을 벗어나야 한다.
	함께 학습하면 좋은 어휘			
	comfortable	형	편안한	
	comfortingly	부	편안하게	
	ease	유	편함, 안정	
	consolation	유	위로, 위안	

No.	출제 어휘	품사	의미	수능 기출 예문
5	demonstrate [démənstrèit]	동	**보여주다, 증명하다**	ex) The purpose of the exercise is to ***demonstrate*** the importance of an individual's action.
	함께 학습하면 좋은 어휘			
	demonstration	명	시위, 입증	≫ 그 훈련의 목적은 개인의 행동의 중요성을 보여 주는 것이다.
	demonstrative	형	논증할 수 있는	
	prove	유	입증하다	
	illustrate	유	실례를 들어 증명하다	

No.	출제 어휘	품사	의미	수능 기출 예문
6	sufficient [səfíʃənt]	형	**충분한**	ex) Small changes in the sensory properties of foods are ***sufficient*** to increase food intake.
	함께 학습하면 좋은 어휘			
	sufficiency	명	충분함	≫ 음식의 감각적 특성의 작은 변화라도 음식의 섭취를 증가시키기에 충분하다.
	sufficiently	부	충분히	
	ample	유	충분한	
	insufficient	반	불충분한	

No.	출제 어휘	품사	의미	수능 기출 예문
7	particular [pərtíkjulər]	형	**특정한**	ex) At one ***particular*** retreat, there were eight people in the circle, and I slowly handed tennis balls to one person to start throwing around the circle.
	함께 학습하면 좋은 어휘			
	particularity	명	독특함, 까다로움	≫ 어느 특정 휴양 시설에서는, 여덟 명이 원을 그리고 둘러섰는데, 나는 천천히 한 사람에게 테니스공을 건 네주어 원을 따라 던지기 시작하게 했다.
	particularize	동	자세히 다루다	
	certain	유	특정한	
	special	유	특별한	

No.	출제 어휘	품사	의미	수능 기출 예문
8	incorporate [inkɔ́:rpərèit]	동	**포함하다, 통합시키다**	ex) Outdated works may be ***incorporated*** into new creative efforts.
	함께 학습하면 좋은 어휘			
	incorporation	명	설립, 결합	≫ 시대에 뒤진 작품이 새로운 창의적인 노력 속에 편 입될지도 모른다.
	incorporative	형	합동적인, 통합적인	
	include	유	포함하다	
	exclude	반	배제시키다	

No.	출제 어휘	품사	의미	수능 기출 예문
9	ultimately [ʌltɪmətli]	부	**궁극적으로, 결국**	ex) If you're less concerned about how you deliver information than with how you receive it, you'll ***ultimately*** fail at delegation. You have to be equally skilled at both. » 만약 여러분이, 자신이 정보를 어떻게 받는가보다 자신이 정보를 어떻게 전달하는가에 관심을 더 적게 가진다면, 여러분은 결국 (임무의) 위임에 실패할 것이다. 두 가지 모두에 똑같이 능숙해야 한다.
	함께 학습하면 좋은 어휘			
	ultimate	형	궁극적인, 최후의	
	ultimatum	명	최후 통첩	
	finally	유	최후로, 마지막으로	
	eventually	유	결국, 마침내	

No.	출제 어휘	품사	의미	수능 기출 예문
10	skilled [skild]	형	**숙련된, 노련한**	ex) You have to be equally ***skilled*** at both. » 두 가지 모두에 똑같이 능숙해야 한다.
	함께 학습하면 좋은 어휘			
	skill	명	기량, 기술	
	skillful	형	능숙한, 솜씨 좋은	
	unskilled	반	숙련되지 않은	
	professional	유	전문적인	

No.	출제 어휘	품사	의미	수능 기출 예문
11	separate [sépərèit]	형	**별개의, 분리된**	ex) So, being full and feeling sated are ***separate*** matters. » 그러므로 배가 부르다는 것과 충분히 만족감을 느낀다는 것은 별개의 문제다.
	함께 학습하면 좋은 어휘			
	separation	명	분리, 구분	
	separately	부	따로, 별도로	
	individual	유	개개의, 별개의	
	detached	유	분리된	

No.	출제 어휘	품사	의미	수능 기출 예문
12	substantial [səbstǽnʃəl]	형	**상당한**	ex) Some people give ***substantial*** amounts to one or two charities. » 어떤 사람들은 한두 자선단체에 상당한 액수를 기부한다.
	함께 학습하면 좋은 어휘			
	substance	명	물질, 본질	
	substantially	부	상당히	
	considerable	유	상당한	
	fair	유	상당한	

No.	출제 어휘	품사	의미	수능 기출 예문
13	apparent [əpǽrənt]	형	**분명한**	ex) The recovery of appetite or the motivation to eat is **_apparent_** to anyone who has consumed a large meal and is quite full. ❯❯ 많은 양의 음식을 섭취하였고 그리고 몹시 배가 부른 어떤 사람에게라도 식욕의 회복이나 먹고자 하는 동기부여는 명백하다.
	함께 학습하면 좋은 어휘			
	appearance	명	모습, 나타남	
	appear	동	나타나다	
	obvious	유	분명한	
	marked	유	두드러진	

No.	출제 어휘	품사	의미	수능 기출 예문
14	accumulate [əkjú:mjulèit]	동	**축적하다**	ex) Treasure hunters have **_accumulated_** valuable historical artifacts. ❯❯ 보물 사냥꾼들은 가치 있는 역사적 유물을 축적해 왔다.
	함께 학습하면 좋은 어휘			
	accumulation	명	축적, 누적	
	accumulative	형	누적되는	
	gather	유	모으다	
	amass	유	축적하다	

No.	출제 어휘	품사	의미	수능 기출 예문
15	cooperate [kouάpərèit]	동	**협력하다**	ex) But archaeologists are not asked to **_cooperate_** with tomb robbers. ❯❯ 하지만, 고고학자들은 도굴꾼과 협력하도록 요구받 지는 않는다.
	함께 학습하면 좋은 어휘			
	cooperation	명	협력, 협동	
	cooperative	형	협력하는	
	unite	유	협동하다	
	collaborate	유	협력하다	

●● 다음 주어진 어휘의 알맞은 뜻을 고르시오.

1	estimate	2	separate	3	incorporate	4	skilled	5	sufficient
① 거부하다 ② 추정하다 ③ 미루다 ④ 빛나다 ⑤ 기부하다		① 별개의 ② 변화의 ③ 충분한 ④ 유의미한 ⑤ 이동 중인		① 양도하다 ② 따라잡다 ③ 회수하다 ④ 미루다 ⑤ 포함하다		① 평범한 ② 부족한 ③ 숙련된 ④ 축소된 ⑤ 부유한		① 불합리한 ② 모자란 ③ 전통적인 ④ 충분한 ⑤ 중대한

6	substantial	7	exotic	8	ultimately	9	demonstrate	10	particular
① 부족한 ② 안절부절 하는 ③ 중간의 ④ 대체할 수 있는 ⑤ 상당한		① 흥미진진한 ② 이국적인 ③ 이론적인 ④ 이동 중인 ⑤ 대체 가능한		① 철저하게 ② 유용하게 ③ 우선적으로 ④ 기술적으로 ⑤ 궁극적으로		① 나눠주다 ② 판별하다 ③ 흔들리다 ④ 증명하다 ⑤ 처방하다		① 진지한 ② 뒤쳐진 ③ 특정한 ④ 소유한 ⑤ 버리는

11	cooperate	12	conventional	13	comfort	14	accumulate	15	apparent
① 분리하다 ② 채워주다 ③ 고장나다 ④ 협력하다 ⑤ 모험하다		① 회의 중인 ② 불합리한 ③ 기존의, 전통적인 ④ 미래지향적인 ⑤ 환경의		① 기원 ② 안락 ③ 탄력 ④ 관리 ⑤ 평판		① 미루다 ② 처리하다 ③ 보살피다 ④ 축적하다 ⑤ 협력하다		① 거슬리는 ② 개인의 ③ 우월한 ④ 분명한 ⑤ 분리된

No.	출제 어휘	품사	의미	수능 기출 예문
16	adaptation [ædəptéiʃən]	명	**각색, 적응**	ex) The film is an ***adaptation*** of Joseph Conrad's novel Heart of Darkness. ≫ 그 영화는 Joseph Conrad의 소설 Heart of Darkness를 각색한 것이다.
	함께 학습하면 좋은 어휘			
	adapt	동	적응하다, 각색하다	
	adaptive	형	적응할 수 있는	
	adjustment	유	수정, 적응	
	adoption	혼	입양	

No.	출제 어휘	품사	의미	수능 기출 예문
17	argument [ɑ́:rgjumənt]	명	**논쟁, 논거**	ex) The essential ***argument*** here is that the capitalist mode of production is affecting peasant production. ≫ 여기에서 본질적인 논점은 자본주의적 생산 방식이 소작농의 생산에 영향을 미치고 있다는 것이다.
	함께 학습하면 좋은 어휘			
	argumentative	형	따지기 좋아하는	
	argue	동	논증하다	
	quarrel	유	말다툼	
	dispute	유	논쟁, 논란	

No.	출제 어휘	품사	의미	수능 기출 예문
18	expense [ikspéns]	명	**비용, 대가**	ex) Farmers are actively encouraged to grow export crops such as tea and coffee at the ***expense*** of basic food production. ≫ 농부들은 기초식품 생산을 희생해가면서 차와 커피와 같은 수출 작물을 재배하도록 적극적으로 독려된다.
	함께 학습하면 좋은 어휘			
	expend	동	(돈,비용)을 들이다	
	expensive	형	비싼, 돈이 많이 드는	
	cost	유	비용, 경비	
	expenditure	유	소비, 지출	

No.	출제 어휘	품사	의미	수능 기출 예문
19	utilitarian [jú:tìlətéəriən]	형	**실용적인**	ex) The greatest benefit of an everyday, ***utilitarian*** AI will not be increased productivity or an economics of abundance or a new way of doing science. ≫ 일상적이고 실용적인 AI의 가장 큰 이점은 향상된 생산성이나 풍요의 경제학, 혹은 과학을 행하는 새로운 방식이 아닐 것이다.
	함께 학습하면 좋은 어휘			
	utility	명	유용, 유익	
	utilize	동	사용하다	
	pragmatic	유	실용적인	
	decorative	반	장식용의	

No.	출제 어휘	품사	의미	수능 기출 예문
20	beneficiary [bènəfíʃièri]	명	**수혜자**	ex) In reality the ***beneficiaries*** are more likely to be transnational publishing companies. ◈ 실제로 수혜자는 다국적 출판사가 될 가능성이 더 많다.
	함께 학습하면 좋은 어휘			
	beneficial	형	유익한, 이로운	
	benefit	동	혜택을 입다	
	recipient	유	수령인	
	heir	유	계승자, 상속인	

No.	출제 어휘	품사	의미	수능 기출 예문
21	consequence [kάnsəkwèns]	명	**결과**	ex) It is much more difficult to estimate the ***consequences*** and potential serious impact of their actions in this environment. ◈ 이 환경에서의 자신들의 행동의 결과와 잠재적인 중대한 영향을 추정하는 것은 훨씬 더 어렵다.
	함께 학습하면 좋은 어휘			
	consequent	형	~의 결과로 일어나는	
	consequential	형	중요한	
	effect	유	결과	
	outcome	유	결과	

No.	출제 어휘	품사	의미	수능 기출 예문
22	subscription [səbskrípʃən]	명	**구독, 기부금**	ex) Most consumer magazines depend on ***subscriptions*** and advertising. ◈ 대부분의 소비자 잡지는 구독과 광고에 의존한다.
	함께 학습하면 좋은 어휘			
	subscribe	동	구독하다	
	subscript	형	아래에 기입한	
	prescription	혼	처방전	
	description	혼	묘사	

No.	출제 어휘	품사	의미	수능 기출 예문
23	circulation [sə̀:rkjuléiʃən]	명	**판매 부수**	ex) Subscriptions account for almost 90 percent of total magazine ***circulation***. ◈ 구독은 전체 잡지 판매 부수의 거의 90 퍼센트를 차지한다.
	함께 학습하면 좋은 어휘			
	circulate	동	(소문 등을)유포하다	
	circulatory	형	순환의	
	calculation	혼	계산	
	copy	유	책의 한 부	

No.	출제 어휘	품사	의미	수능 기출 예문
24	association [əsòusiéiʃən]	명	협회, 사회	ex) Professional or trade magazines are specialized magazines and are often published by professional ***associations***. » 전문가용 잡지 다시 말해 업계지는 특성화된 잡지이며 흔히 전문가 협회에 의해 출판된다.
	함께 학습하면 좋은 어휘			
	associate	동	연관짓다	
	associative	형	결합의	
	society	유	협회	
	institute	유	협회	

No.	출제 어휘	품사	의미	수능 기출 예문
25	regardless [rigά:rdlis]	부	관계 없이	ex) Knowing that they are giving makes them feel good, ***regardless*** of the impact of their donation. » 그들이 내는 기부가 끼치는 영향에 관계없이, 자신들이 기부를 하고 있다는 것을 아는 것이 그들로 하여금 기분 좋게 만든다.
	함께 학습하면 좋은 어휘			
	regard	동	(~라고) 여기다	
	regarding	전	~에 관하여	
	irrespectively	유	관계없이	
	irrelevantly	유	관계없이	

No.	출제 어휘	품사	의미	수능 기출 예문
26	implication [ìmplikéiʃən]	명	영향, 암시	ex) To modern man disease is a biological phenomenon that concerns him only as an individual and has no moral ***implications***. » 현대인에게 질병은 개인으로만 관련 있는 생물학적 현상이고 어떤 도덕적 함의를 지니지 않는다.
	함께 학습하면 좋은 어휘			
	implicate	동	암시하다	
	implicational	형	함축의	
	suggestion	유	시사, 암시	
	allusion	유	암시	

No.	출제 어휘	품사	의미	수능 기출 예문
27	prevailing [prɪˈveɪlɪŋ]	형	우세한, 유행하는	ex) The ***prevailing*** moral point of view gives a deeper meaning to disease. » 지배적인 도덕적 관점이 질병에 대해 더 깊은 의미를 제공한다.
	함께 학습하면 좋은 어휘			
	prevalence	명	널리퍼짐, 유행	
	prevalent	형	널리 퍼진	
	widespread	유	만연한	
	rampant	유	만연하는	

No.	출제 어휘	품사	의미	수능 기출 예문
28	offence [əféns]	명	**범죄**	ex) The gods who send disease are usually angered by the moral ***offences*** of the individual. ❯❯ 질병을 보내는 신들은 일반적으로 개인의 도덕적 범죄에 의해 분노한다.
	함께 학습하면 좋은 어휘			
	offend	동	범죄를 저지르다	
	offensive	형	불쾌한	
	crime	유	범죄	
	sin	유	죄, 죄악	

No.	출제 어휘	품사	의미	수능 기출 예문
29	preference [préfərəns]	명	**선호, 기호**	ex) Both humans and rats have evolved taste ***preferences*** for sweet foods. ❯❯ 사람과 쥐 모두 '단' 음식에 대한 맛의 선호를 진화시켜 왔다.
	함께 학습하면 좋은 어휘			
	prefer	동	선호하다	
	preferable	형	선호되는	
	taste	유	기호	
	bent	유	취향	

No.	출제 어휘	품사	의미	수능 기출 예문
30	discharge [distʃɑ́:rdʒ]	동	**방출하다**	ex) Factories were ***discharging*** mercury into the waters of Minamata Bay. ❯❯ 공장들이 Minamata 만의 수역에 수은을 방출하고 있었다.
	함께 학습하면 좋은 어휘			
	dischargeable	형	발염성의	
	discharger	명	사출 장치	
	release	유	방출하다	
	dismiss	유	떨쳐버리다	

●● **다음 주어진 어휘의 알맞은 뜻을 고르시오.**

1	expense	2	utilitarian	3	subscription	4	beneficiary	5	regardless
	① 비용 ② 확장 ③ 탐험 ④ 소통 ⑤ 이윤		① 쓸모없는 ② 찬성하는 ③ 이상적인 ④ 현명한 ⑤ 실용적인		① 묘사 ② 처방 ③ 판매 ④ 구독 ⑤ 대본		① 참석자 ② 피고인 ③ 수혜자 ④ 계약금 ⑤ 귀금속		① 익숙하게 ② 부족하게 ③ 훌륭하게 ④ 관계없이 ⑤ 이상적으로

6	consequence	7	circulation	8	association	9	argument	10	adaptation
	① 이유 ② 판단 ③ 부가설명 ④ 연결 ⑤ 결과		① 전환 ② 판매 부수 ③ 회수 ④ 잔업량 ⑤ 확장		① 가정 ② 결과 ③ 훈련 ④ 이윤 ⑤ 협회		① 분단 ② 후원 ③ 논쟁 ④ 구독 ⑤ 편견		① 입양 ② 전원 ③ 비유 ④ 각색 ⑤ 혼란

11	implication	12	prevailing	13	preference	14	offence	15	discharge
	① 실수 ② 소문 ③ 함의 ④ 협력 ⑤ 분산		① 기울여진 ② 숨기는 ③ 판매하는 ④ 유행하는 ⑤ 축적된		① 언급, 성명 ② 결과, 결론 ③ 선호, 기호 ④ 탄력, 탄성 ⑤ 가정, 추정		① 인식 ② 형성 ③ 사무실 ④ 방어 ⑤ 범죄		① 토의하다 ② 변화하다 ③ 가로막다 ④ 축소하다 ⑤ 방출하다

No.	출제 어휘	품사	의미	수능 기출 예문
31	emission [imíʃən]	명	**배출**	ex) Strictly controlled ***emission*** standards for such sources are needed to minimize this problem. ≫ 이 문제를 최소화하기 위해서 그러한 오염원에 대한 엄격하게 통제된 배출 기준이 요구된다.
	함께 학습하면 좋은 어휘			
	emit	동	내다, 내뿜다	
	emissive	형	방출된	
	release	유	방출	
	discharge	유	방출	

No.	출제 어휘	품사	의미	수능 기출 예문
32	receptive [riséptiv]	형	**수용적인**	ex) They would likely devote less time, and be less ***receptive*** to new ways of looking at the world. ≫ 그들은 세상을 보는 새로운 방식에 더 적은 시간을 쏟고 그것을 덜 받아들이려고 할 가능성이 크다.
	함께 학습하면 좋은 어휘			
	reception	명	접수처, 환영회	
	receptivity	명	수용성, 감수성	
	acceptant	유	기꺼이 받아들이는	
	amenable	유	잘 받아들이는	

No.	출제 어휘	품사	의미	수능 기출 예문
33	humiliate [hju:mílièit]	동	**굴욕감을 주다**	ex) That scene in which your octogenarian feels ***humiliated*** will draw on your experience of humiliation in the eighth grade. ≫ 여러분이 만들어낸 장면에서 80대의 사람이 느끼는 굴욕감은 여러분이 중학교 2학년 때 느꼈던 굴욕의 경험에서 이끌어낸 것일 것이다.
	함께 학습하면 좋은 어휘			
	humiliation	명	굴욕, 창피	
	humiliative	형	굴욕감을 주는	
	mortify	유	굴욕감을 주다	
	embarrass	유	당황하게 하다	

No.	출제 어휘	품사	의미	수능 기출 예문
34	dramatize [drǽmətàiz]	동	**각색하다**	ex) You will want to use your life more directly in your fiction, ***dramatizing*** actual incidents. ≫ 여러분은 실제 사건들을 각색하여, 여러분의 인생을 여러분의 소설에 더 직접적으로 사용하기를 원할 것이다.
	함께 학습하면 좋은 어휘			
	dramatic	형	극적인	
	drama	명	드라마, 연극	
	adapt	유	각색하다	
	scenarize	유	각색하다	

No.	출제 어휘	품사	의미	수능 기출 예문
35	spot [spat]	동	발견하다	ex) Steve **_spotted_** Dave in the hallway and ran to him excitedly. ◈ Steve는 복도에서 Dave를 발견하고는 그에게 신나게 달려가 말했다.
		명	흠, 얼룩	
	함께 학습하면 좋은 어휘			
	spotless	형	흠 없는	
	spottable	형	얼룩지기 쉬운	
	sight	유	발견하다	
	detect	유	탐지하다	

No.	출제 어휘	품사	의미	수능 기출 예문
36	nomination [nὰmənéiʃən]	명	추천, 지명	ex) I think mine will be the only **_nomination_**. ◈ 내 생각으로는 나만 추천을 받을 것 같아.
	함께 학습하면 좋은 어휘			
	nominate	동	임명하다	
	nominally	부	명목상으로	
	suggestion	유	제안	
	recommendation	유	추천	

No.	출제 어휘	품사	의미	수능 기출 예문
37	register [rédʒistər]	동	등록하다	ex) I've just **_registered_** my name, too. ◈ 나도 방금 내 이름을 등록했어.
	함께 학습하면 좋은 어휘			
	registration	명	등록	
	registrable	형	등록할 수 있는	
	record	유	기록하다	
	enroll	유	등록하다	

No.	출제 어휘	품사	의미	수능 기출 예문
38	contamination [kəntæmənéiʃən]	명	오염	ex) Such **_contamination_** may result from airborne transport from remote power plants. ◈ 그러한 오염은 멀리 떨어진 발전소로부터 공기를 통해 전파된 결과로 발생할 수 있다.
	함께 학습하면 좋은 어휘			
	contaminate	동	오염시키다	
	contaminative	형	오염시키는	
	pollution	유	오염	
	infection	유	감염	

No.	출제 어휘	품사	의미	수능 기출 예문
39	prevention [privénʃən]	명	예방	ex) Control over direct discharge of mercury from industrial operations is clearly needed for ***prevention***. » 예방을 위해서 산업 활동으로부터 나오는 수은을 직접적으로 방출하는 것에 대한 통제가 절실하게 필요하다.
	함께 학습하면 좋은 어휘			
	prevent	동	예방하다	
	preventive	형	예방을 위한	
	precaution	유	예방	
	protection	유	방지	

No.	출제 어휘	품사	의미	수능 기출 예문
40	trace [treis]	명	소량, 흔적	ex) It is now recognized that ***traces*** of mercury can appear in lakes far removed from any such industrial discharge. » 이제는 그런 어떤 산업적인 방출로부터 멀리 떨어진 호수에서도 소량의 수은이 나타날 수 있다는 것이 인식되고 있다.
	함께 학습하면 좋은 어휘			
	traceability	명	추적가능성	
	traceable	형	추적할 수 있는	
	vestige	유	흔적, 자국	
	trail	유	자국, 흔적	

No.	출제 어휘	품사	의미	수능 기출 예문
41	attribute [ətríbju:t]	동	~탓으로 돌리다, ~덕택이다	ex) He never ***attributes*** this event to his behavior toward the tax collector or his mother-in-law. » 그는 이 사건을 세금 징수원이나 자신의 장모에 대한 자신의 행동 탓으로 결코 보지 않는다.
	함께 학습하면 좋은 어휘			
	attribution	명	귀속, 속성	
	attributable	형	~가 원인인	
	ascribe	유	~탓으로 돌리다	
	impute	유	~탓으로 하다	

No.	출제 어휘	품사	의미	수능 기출 예문
42	primitive [prímətiv]	형	원시의	ex) Disease, action that might produce disease, and recovery from disease are, therefore, of vital concern to the whole ***primitive*** community. » 따라서 질병, 질병을 일으켰을지도 모르는 행동, 그리고 질병으로부터의 회복은 전체 원시 사회에 매우 중요하다.
	함께 학습하면 좋은 어휘			
	primitively	부	원시적으로	
	primitiveness	명	원시성	
	primeval	유	태고의, 원시의	
	modern	반	현대의	

No.	출제 어휘	품사	의미	수능 기출 예문
43	objectivity [ɑ̀bdʒiktívəti]	명	**객관성**	ex) A few magazines, like Consumer Reports, work toward ***objectivity*** and therefore contain no advertising.
	함께 학습하면 좋은 어휘			
	objective	형	객관적인	▶ 'Consumer Reports'와 같은 몇몇 잡지는 객관성을 지향하고 따라서 광고를 싣지 않는다.
	object	동	반대하다	
	impartiality	유	공명정대함	
	subjectivity	반	주관성	

No.	출제 어휘	품사	의미	수능 기출 예문
44	conservation [kɑ̀nsərvéiʃən]	명	**보존**	ex) On the contrary, archaeologists and assistants from the INA (Institute of Nautical Archaeology) needed more than a decade of year-round ***conservation***.
	함께 학습하면 좋은 어휘			
	conserve	동	보존하다	▶ 그와는 반대로, 해양고고학 연구소의 고고학자들과 조수들은 10여 년의 기간 내내 보존이 필요했다.
	conservational	형	보존의	
	preservation	유	보존, 저장	
	protection	유	보호	

No.	출제 어휘	품사	의미	수능 기출 예문
45	compete [kəmpíːt]	동	**경쟁하다**	
	함께 학습하면 좋은 어휘			ex) Many memories ***compete*** for our attention.
	competition	명	경쟁	▶ 많은 기억이 우리의 주목을 받으려고 경쟁한다.
	competitive	형	경쟁적인	
	contend	유	다투다	
	vie	유	경쟁하다	

●● **다음 주어진 어휘의 알맞은 뜻을 고르시오.**

1	receptive	2	trace	3	primitive	4	spot	5	register
	① 비판적인 ② 불가능한 ③ 수용적인 ④ 순환하는 ⑤ 이국적인		① 노력, 시도 ② 회수, 박탈 ③ 부연, 첨가 ④ 소량, 흔적 ⑤ 확장, 연장		① 원시의 ② 동시대의 ③ 미래의 ④ 뒤쳐진 ⑤ 새로운		① 감추다 ② 처리하다 ③ 넘겨주다 ④ 포기하다 ⑤ 발견하다		① 인정하다 ② 증명하다 ③ 등록하다 ④ 기여하다 ⑤ 협력하다
6	objectivity	7	nomination	8	humiliate	9	prevention	10	emission
	① 독립성 ② 객관성 ③ 독창성 ④ 주관성 ⑤ 미완성		① 추측, 가정 ② 허가, 허락 ③ 훈련, 훈육 ④ 동의, 협의 ⑤ 추천, 지명		① 습기차다 ② 인생하다 ③ 굴욕감을 주다 ④ 인격을 갖추다 ⑤ 도난당하다		① 협력 ② 예방 ③ 기구 ④ 연설 ⑤ 만연		① 생략 ② 배출 ③ 이민 ④ 영향 ⑤ 추측
11	contamination	12	compete	13	conservation	14	attribute	15	dramatize
	① 포함 ② 추정 ③ 포함 ④ 평가 ⑤ 오염		① 완성하다 ② 추가하다 ③ 경쟁하다 ④ 발휘하다 ⑤ 진행하다		① 대화 ② 보존 ③ 성실 ④ 친화 ⑤ 추정		① 구성하다 ② 분배하다 ③ 포함시키다 ④ ~탓으로 돌리다 ⑤ 추정하다		① 각색하다 ② 비교하다 ③ 작성하다 ④ 기능하다 ⑤ 추천하다

4일차

No.	출제 어휘	품사	의미	수능 기출 예문
46	discourage [diskə́:ridʒ]	동	**낙담시키다**	ex) Not following Cassady's advice, he became **_discouraged_**, put his materials away, and decided to forget cartooning as a career.
	함께 학습하면 좋은 어휘			
	discouragement	명	낙심, 좌절	≫ Cassady 의 조언을 따르지 않고, 그는 낙심했으며, 자신의 자료들을 치우고, 만화 제작을 직업으로 삼는 것을 잊기로 했다.
	discouragingly	부	실망스럽게도	
	dishearten	유	낙심시키다	
	encourage	반	용기를 북돋우다	

No.	출제 어휘	품사	의미	수능 기출 예문
47	submit [səbmít]	동	**제출하다**	ex) Adams got inspired and **_submitted_** some cartoons, but he was quickly rejected.
	함께 학습하면 좋은 어휘			
	submission	명	제출	≫ Adams는 격려를 받아 몇 편의 만화를 제출했지만, 그는 금방 거절당했다.
	submissive	형	고분고분한	
	summit	혼	정상	
	render	유	제시하다	

No.	출제 어휘	품사	의미	수능 기출 예문
48	exceed [iksí:d]	동	**넘어서다**	ex) The cost of processing the donation is likely to **_exceed_** any benefit it brings to the charity.
	함께 학습하면 좋은 어휘			
	excess	명	지나침, 초과	≫ 기부금을 처리하는 비용이 그것이 자선단체에 가져다주는 모든 이점을 넘어서기 쉽다.
	excessive	형	지나친, 과도한	
	surpass	유	능가하다	
	outdo	유	능가하다	

No.	출제 어휘	품사	의미	수능 기출 예문
49	distinction [distíŋkʃən]	명	**명예, 구분, 탁월함**	ex) He holds the **_distinction_** of being the first and only photographer to be presented with the Grammy Trustees Award.
	함께 학습하면 좋은 어휘			
	distinguish	동	구별하다	≫ 그는 Grammy Trustees Award를 수여받은 최초이자 유일한 사진작가라는 명예를 지니고 있다.
	distinctive	형	독특한	
	fame	유	명성	
	prestige	유	위신, 명성	

No.	출제 어휘	품사	의미	수능 기출 예문
50	narrative [nǽrətiv]	명	줄거리, 이야기	ex) The fundamental ***narrative*** and themes of *Apocalypse Now* are the same as those of *Heart of Darkness*.
	함께 학습하면 좋은 어휘			❯❯ Apocalypse Now의 기본적인 줄거리와 주제는 Heart of Darkness 의 그것들과 같다.
	narrate	동	이야기를 들려주다	
	narratively	부	이야기식으로	
	story	유	이야기	
	account	유	설명, 이야기	

No.	출제 어휘	품사	의미	수능 기출 예문
51	contemporary [kəntémpərèri]	형	동시대의	ex) By giving *Apocalypse Now* a setting that was ***contemporary*** at the time of its release, audiences were able to experience and identify with its themes.
	함께 학습하면 좋은 어휘			❯❯ Apocalypse Now에 그것이 개봉될 당시와 같은 시대적 배경을 제공함으로써, 관객들은 그것의 주제를 경험하고 그것과 동질감을 느꼈을 수 있었다.
	contemporize	동	동시대에 두다	
	contemporarily	부	동시대에, 당대에	
	contemporaneous	유	동시에 발생하는	
	coexisting	유	공존하는	

No.	출제 어휘	품사	의미	수능 기출 예문
52	alternative [ɔ:ltə́:rnətiv]	명	대용(품), 대체(물)	ex) The sales of Vegetarian meat ***alternatives*** were the lowest among the four types of ethical produce.
	함께 학습하면 좋은 어휘			❯❯ 채식주의자 고기 대용품 판매는 네 가지 유형의 윤리적 농산물 중에서 가장 적었다.
	alternate	동	번갈아 나오다	
	alternately	부	번갈아	
	substitute	유	대체물	
	fungible	유	대체물	

No.	출제 어휘	품사	의미	수능 기출 예문
53	innovate [ínəvèit]	동	혁신하다	ex) Those are the places where there are opportunities to improve, ***innovate***, experiment, and grow.
	함께 학습하면 좋은 어휘			❯❯ 그곳은 개선하고 혁신하며 실험하고 성장할 수 있는 기회가 있는 장소이다.
	innovation	명	혁신	
	innovative	형	획기적인	
	reform	유	개혁하다	
	renovate	유	개조하다	

No.	출제 어휘	품사	의미	수능 기출 예문
54	venture [véntʃər]	동	**모험하다, 탐험하다**	ex) You have to **_venture_** beyond the boundaries of your current experience and explore new territory. ≫ 위험을 무릅쓰고 현재 경험의 한계를 넘어가서 새로운 영역을 탐사해야 한다.
54	함께 학습하면 좋은 어휘			
54	venturous	형	모험을 좋아하는	
54	venturer	명	모험가	
54	adventure	유	모험	
54	advantage	혼	장점, 이점	

No.	출제 어휘	품사	의미	수능 기출 예문
55	strike [straik]	동	**공격하다, 때리다**	ex) Sometimes they may not **_strike_** the guilty person himself, but rather one of his relatives or tribesmen, to whom responsibility is extended. ≫ 때때로 그들은 죄가 있는 사람 그 자신이 아니라, 오히려 (죄의) 책임이 확장되는 그의 친척이나 부족민 중의 한명을 공격할지도 모른다.
55	함께 학습하면 좋은 어휘			
55	stroke	명	치기, 때리기	
55	striking	형	눈에 띄는, 두드러진	
55	attack	유	공격하다	
55	assail	유	공격하다	

No.	출제 어휘	품사	의미	수능 기출 예문
56	application [æpləkéiʃən]	명	**적용, 응용, 지원서**	ex) I submitted my **_application_** and recipe for the 2nd Annual DC Metro Cooking Contest. ≫ 저는 제 2회 연례 DC Metro 요리 대회의 지원서와 요리법을 제출했습니다.
56	함께 학습하면 좋은 어휘			
56	apply	동	지원하다	
56	applicant	명	지원자	
56	adaptation	유	응용	
56	appliance	혼	기구, 장치	

No.	출제 어휘	품사	의미	수능 기출 예문
57	emerge [imə́:rdʒ]	동	**나타나다, 등장하다**	ex) With the industrial society evolving into an information-based society, the concept of information as a product, a commodity with its own value, has **_emerged_**. ≫ 산업 사회가 정보에 기반한 사회로 진화해가면서, 하나의 상품, 그 나름의 가치를 가진 하나의 제품으로서의 정보의 개념이 등장했다.
57	함께 학습하면 좋은 어휘			
57	emergence	명	출현, 발생	
57	emergent	형	신생의, 신흥의	
57	merge	혼	합병(병합)하다	
57	emergency	혼	비상	

No.	출제 어휘	품사	의미	수능 기출 예문
58	justification [dʒʌstəfikéiʃən]	명	**정당화**	ex) It is the presence of the enemy that gives meaning and ***justification*** to war. ≫ 전쟁에 의미와 정당화를 제공하는 것은 바로 적의 존재이다.
	함께 학습하면 좋은 어휘			
	justify	동	정당화하다	
	justified	형	정당한	
	vindication	유	정당성	
	legitimacy	유	합법성	

No.	출제 어휘	품사	의미	수능 기출 예문
59	prosper [prɑ́spər]	동	**번창하다, 번영하다**	ex) Those people, organizations, and countries that possess the highest-quality information are likely to ***prosper*** economically, socially, and politically. ≫ 가장 고품질의 정보를 소유한 그러한 사람, 조직, 그리고 국가들이 경제적으로, 사회적으로, 그리고 정치적으로 번창할 가능성이 높다.
	함께 학습하면 좋은 어휘			
	prosperity	명	번창, 번영	
	prosperous	형	번창한, 성공한	
	thrive	유	번창하다	
	prospect	혼	가망, 전망	

No.	출제 어휘	품사	의미	수능 기출 예문
60	assessment [əsésmənt]	명	**평가**	ex) The concept of the enemy is fundamental to the moral ***assessment*** of war. ≫ 적의 개념은 전쟁의 도덕적 평가에 핵심적이다.
	함께 학습하면 좋은 어휘			
	assess	동	평가하다	
	assessable	형	평가(산정)할 수 있는	
	judgment	유	판단, 평가	
	evaluation	유	평가, 사정	

●● 다음 주어진 어휘의 알맞은 뜻을 고르시오.

1	contemporary	2	submit	3	venture	4	discourage	5	exceed
	① 최신의, 최근의 ② 영원한 ③ 비유적인 ④ 동시대의 ⑤ 시대에 뒤쳐진		① 기록하다 ② 제출하다 ③ 줄어들다 ④ 기여하다 ⑤ 준비하다		① 모험하다 ② 소모시키다 ③ 쓸어담다 ④ 회수하다 ⑤ 요약하다		① 가정하다 ② 지출하다 ③ 미루다 ④ 포용하다 ⑤ 낙담시키다		① 부족하다 ② 속도를 내다 ③ 소통하다 ④ 넘어서다 ⑤ 전달하다
6	strike	7	distinction	8	narrative	9	prosper	10	assessment
	① 공감하다 ② 축소시키다 ③ 공격하다 ④ 분산시키다 ⑤ 압축하다		① 손해, 피해 ② 선호, 기호 ③ 명예, 영예 ④ 가정, 추정 ⑤ 회전, 전환		① 논쟁 ② 가정 ③ 불평 ④ 대체물 ⑤ 이야기		① 번영하다 ② 오염시키다 ③ 보호하다 ④ 추구하다 ⑤ 서두르다		① 진화 ② 추정 ③ 확신 ④ 평가 ⑤ 침투
11	justification	12	innovate	13	emerge	14	application	15	alternative
	① 중성화 ② 소량화 ③ 분산화 ④ 지역화 ⑤ 정당화		① 교역하다 ② 혁신하다 ③ 입증하다 ④ 분산하다 ⑤ 모험하다		① 부인하다 ② 확산시키다 ③ 서두르다 ④ 나타나다 ⑤ 추출하다		① 지연, 미루기 ② 연속, 연장 ③ 확대, 확산 ④ 개선, 개량 ⑤ 적용, 응용, 지원서		① 소비(재) ② 사치(품) ③ 경험(치) ④ 대체(물) ⑤ 후원(금)

 **5일차**

No.	출제 어휘	품사	의미	수능 기출 예문
61	distinguish [distíŋgwiʃ]	동	**구별하다**	ex) The basic aim of a nation at war in establishing an image of the enemy is to ***distinguish*** as sharply as possible the act of killing from the act of murder.
	함께 학습하면 좋은 어휘			
	distinguishment	명	구별	
	distinguishable	형	구별할 수 있는	≫ 적의 이미지를 확립하는 데 있어서 전쟁을 하고
	differentiate	유	구분짓다	있는 국가의 기본적인 목표는 죽이는 행위와 살인
	tell	유	구별하다	의 행위를 가능한 한 뚜렷이 구별하는 것이다.

No.	출제 어휘	품사	의미	수능 기출 예문
62	uniform [júːnəfɔ̀ːrm]	형	**획일적인**	ex) However, we need to be cautious about thinking of war and the image of the enemy that informs it in an abstract and ***uniform*** way.
	함께 학습하면 좋은 어휘			
	uniformity	동	균일성	
	uniformly	부	균등하게	≫ 하지만, 우리는 전쟁과 그것에 영향을 미치는
	even	유	평평한, 균일한	적의 이미지를 추상적이고 획일적인 방식으로 생
	consistent	유	일관된	각하는 것에 대해 주의를 할 필요가 있다.

No.	출제 어휘	품사	의미	수능 기출 예문
63	refine [rifáin]	동	**개선하다, 정제하다**	ex) Although not the explicit goal, the best science can really be seen as ***refining*** ignorance.
	함께 학습하면 좋은 어휘			
	refinement	명	개선, 정제	
	refinable	형	순화할 수 있는	≫ 비록 명시적인 목표는 아니지만, 최고의 과학은
	cleanse	유	청결하게 하다	실제로 무지를 개선하는 것으로 여겨질 수 있다.
	purify	유	정화하다, 정제하다	

No.	출제 어휘	품사	의미	수능 기출 예문
64	obsess [əbsés]	동	**사로잡다, 집착하게 하다**	ex) Scientists, especially young ones, can get too ***obsessed*** with results.
	함께 학습하면 좋은 어휘			
	obsession	명	강박상태, 집착	
	obsessive	형	강박적인	≫ 과학자들, 특히 젊은 과학자들은 결과에 너무
	preoccupy	유	사로잡다	집착할 수 있다.
	haunt	유	계속 떠오르다	

No.	출제 어휘	품사	의미	수능 기출 예문
65	accomplishment [əkámpliʃmənt]	명	성취	ex) The Nobel Prize, the pinnacle of scientific ***accomplishment***, is awarded, not for a lifetime of scientific achievement, but for a single discovery, a result.
	함께 학습하면 좋은 어휘			» 과학적인 성취의 정점인 노벨상은 평생의 과학적인 업적이 아니라 하나의 발견, 결과에 대해 수여된다.
	accomplish	동	성취하다	
	accomplishable	형	성취할 수 있는	
	fulfillment	유	성취	
	achievement	유	성취, 성공	

No.	출제 어휘	품사	의미	수능 기출 예문
66	justice [dʒʌstis]	명	공정, 공평, 정의	ex) We argue that the ethical principles of ***justice*** provide an essential foundation for policies to protect unborn generations and the poorest countries from climate change.
	함께 학습하면 좋은 어휘			» 우리는 정의의 윤리적 원칙이 아직 태어나지 않은 세대와 가장 가난한 나라들을 기후 변화로부터 보호하기 위한 정책에 대한 근본적인 기초를 제공한다고 주장하는 바이다.
	just	형	정당한	
	justification	명	정당화	
	injustice	반	불평등, 부당함	
	fairness	유	공평, 공정	

No.	출제 어휘	품사	의미	수능 기출 예문
67	concern [kənsə́:rn]	명 동	관심, 걱정, 관여하다, 염려하다	ex) Great scientists, the pioneers that we admire, are not ***concerned*** with results but with the next questions.
	함께 학습하면 좋은 어휘			» 위대한 과학자들, 우리가 존경하는 선구자들은 결과가 아니라 다음 문제에 관심이 있다.
	concernment	명	걱정	
	concerned	형	걱정하는	
	worry	유	걱정, 근심	
	anxiety	유	근심, 걱정	

No.	출제 어휘	품사	의미	수능 기출 예문
68	inadequate [inædikwət]	형	부족한	ex) Related issues arise in connection with current and persistently ***inadequate*** aid for these nations.
	함께 학습하면 좋은 어휘			» 이 국가들을 위한 현재의 끈질기게 부족한 원조와 관련하여 연계된 문제들이 발생한다.
	inadequacy	명	부족함, 약점	
	inadequately	부	적당하지 않게	
	insufficient	유	부족한	
	adequate	반	충분한	

No.	출제 어휘	품사	의미	수능 기출 예문
69	guarantee [gǽrəntíː]	동	보장하다, 확실히 하다, 보증서, 확약	ex) It also added a certain amount of ***guaranteed*** error. 》 그것은 또한 일정량의 확실한 오류를 추가했다.
	함께 학습하면 좋은 어휘			
	guaranteed	형	보장된, 확실한	
	guarantee money	명	보증금	
	warranty	유	보증서	
	assure	유	보장하다	

No.	출제 어휘	품사	의미	수능 기출 예문
70	accelerate [əksélərèit]	동	가속하다	ex) Even a small amount of this money would ***accelerate*** the already rapid rate of technical progress and investment in renewable energy in many areas. 》 이 돈의 적은 양이라도, 많은 지역에서 이미 빠르게 진행되고 있는 재생 가능한 에너지에 대한 기술적 진보와 투자를 가속할 것이다.
	함께 학습하면 좋은 어휘			
	acceleration	명	가속(도)	
	accelerative	형	가속적인	
	hasten	유	~을 빠르게 하다	
	decelerate	반	속도를 줄이다	

No.	출제 어휘	품사	의미	수능 기출 예문
71	magnitude [mǽgnətjùːd]	명	(큰) 규모	ex) A defining element of catastrophes is the ***magnitude*** of their harmful consequences. 》 큰 재해를 정의하는 요소 하나는 그 해로운 결과의 거대한 규모이다.
	함께 학습하면 좋은 어휘			
	magnificence	명	장엄, 웅장	
	magnify	동	확대하다	
	immensity	유	엄청남, 방대함	
	extensiveness	유	광대, 대규모	

No.	출제 어휘	품사	의미	수능 기출 예문
72	enroll [inróul]	동	등록시키다	ex) The tables above show the top ten origin countries and the number of international students ***enrolled*** in U.S. colleges and universities in two school years. 》 위 표는 두 학년도에 미국의 대학과 종합대학에 등록한 상위 10개 출신국과 유학생의 수를 보여준다.
	함께 학습하면 좋은 어휘			
	enrollment	명	등록	
	enrolled	형	등록된	
	register	유	등록[기재]하다	
	unenroll	반	등록을 취소하다	

No.	출제 어휘	품사	의미	수능 기출 예문
73	simultaneously [sàiməltéiniəsli]	부	동시에	ex) Rawlings worked as a journalist while **simultaneously** trying to establish herself as a fiction writer.

>> Rawlings는 저널리스트로 일하면서 동시에 소설가로 자리매김하려고 애썼다. |
	함께 학습하면 좋은 어휘			
	simultaneous	형	동시 발생의	
	simultaneousness	명	동시성	
	synchronously	유	동시에 일어나게	
	spontaneously	혼	자발적으로	

No.	출제 어휘	품사	의미	수능 기출 예문
74	autobiographical [ɔ̀:təbàiəgrǽfikəl]	형	자전적인	ex) This became the source of inspiration for some of her writings which included The *Yearling* and her **autobiographical** book, *Cross Creek*.

>> 이것은 The Yearling과 자전적인 책인 Cross Creek을 포함해서 그녀의 일부 작품의 영감의 원천이 되었다. |
	함께 학습하면 좋은 어휘			
	autobiography	명	자서전	
	autobiographically	부	자전적으로	
	biographic	유	전기(체)의	
	autograph	혼	사인을 해주다	

No.	출제 어휘	품사	의미	수능 기출 예문
75	vulnerable [vʌ́lnərəbl]	형	취약한, 공격받기 쉬운	ex) While afloat, it is uniquely **vulnerable**, moving slowly with its antlers held high as it struggles to keep its nose above water.

>> 순록은 물에 떠 있는 동안, 코를 물 위로 내놓으려고 애쓰면서 가지진 뿔을 높이 쳐들고 천천히 움직이기 때문에, 유례없이 공격받기 쉬운 상태가 된다. |
	함께 학습하면 좋은 어휘			
	vulnerability	명	취약성	
	vulnerably	부	취약하게	
	invulnerable	반	안전한	
	venerable	혼	공경할만한	

●● 다음 주어진 어휘의 알맞은 뜻을 고르시오.

1	refine	2	vulnerable	3	simultaneously	4	uniform	5	justice
① 나누다 ② 확보하다 ③ 회복하다 ④ 기억하다 ⑤ 정제하다		① 변화무쌍한 ② 교체할 수 있는 ③ 만연한 ④ 안정적인 ⑤ 취약한		① 유사하게 ② 즉시 ③ 동시에 ④ 결국에 ⑤ 효과적으로		① 다변적인 ② 쓸모있는 ③ 효과적인 ④ 가치있는 ⑤ 획일적인		① 기회 ② 기대 ③ 형편 ④ 정의 ⑤ 익숙함

6	accomplishment	7	accelerate	8	inadequate	9	obsess	10	magnitude
① 압도 ② 성취 ③ 동반 ④ 전달 ⑤ 확립		① 지속하다 ② 중단하다 ③ 가속하다 ④ 들어내다 ⑤ 축소하다		① 안정적인 ② 적절한 ③ 부족한 ④ 만족한 ⑤ 역설적인		① 사로잡다 ② 살찌다 ③ 만족시키다 ④ 도난당하다 ⑤ 포용하다		① 자석 ② 큰 규모 ③ 지출 ④ 위엄 ⑤ 연장

11	enroll	12	distinguish	13	guarantee	14	concern	15	autobiographical
① 등록시키다 ② 굴리다 ③ 나누다 ④ 연결하다 ⑤ 분석하다		① 배포하다 ② 소화하다 ③ 나눠주다 ④ 확신하다 ⑤ 구별하다		① 낙후되다 ② 승진하다 ③ 보장하다 ④ 거래하다 ⑤ 진화하다		① 확인, 확신 ② 관심, 걱정 ③ 흥분, 흥미 ④ 기억, 회상 ⑤ 비유, 비교		① 자연스러운 ② 교체가능한 ③ 필적할만한 ④ 가변적인 ⑤ 자전적인

No.	출제 어휘	품사	의미	수능 기출 예문
76	overtake [ouˈvərteiˌk]	동	따라잡다	ex) Once the easily ***overtaken*** and killed prey had been hauled aboard, getting its body back to the tribal camp would have been far easier by boat than on land.
	함께 학습하면 좋은 어휘			≫ 쉽게 따라잡아서 도살한 먹잇감을 일단 배 위로 끌어 올리면, 부족이 머무는 곳으로 사체를 가지고 가기에는 육지에서 보다 배를 이용하는 것이 더 쉬웠을 것이다.
	overtaking	명	추월, 앞지르기	
	overtaker	명	추적자	
	outdo	유	능가하다	
	surpass	유	앞서다	

No.	출제 어휘	품사	의미	수능 기출 예문
77	consolidate [kənsάlədèit]	동	공고히 하다, 통합하다	ex) At the same time, they ***consolidated*** their own memory of the personal circumstances in which the event took place, an effect known as "flashbulb memory."
	함께 학습하면 좋은 어휘			≫ 동시에 그들은 그 사건이 발생했던 개인적 상황에 대한 자신들의 기억을 공고히 했는데, 그것은 '섬광 기억'으로 알려진 효과이다.
	consolidation	명	합동, 합병	
	consolidating	명	연결정산표	
	combine	유	결합시키다	
	weaken	반	약화시키다	

No.	출제 어휘	품사	의미	수능 기출 예문
78	counteract [kàuntərǽkt]	동	중화하다, 반대로 행동하다	ex) Social sharing may in this way help to ***counteract*** some natural tendency people may have.
	함께 학습하면 좋은 어휘			≫ 사회적 공유는 이런 식으로 사람들이 갖고 있을 수 있는 어떤 자연적인 성향을 중화시키는 데 도움이 될 수도 있다.
	counteraction	명	중화 작용	
	counteractive	형	반작용의	
	counterpart	혼	상대	
	neutralize	유	중화시키다	

No.	출제 어휘	품사	의미	수능 기출 예문
79	undesirable [əˌndizaiˈrəbəl]	형	바람직하지 않은	ex) Naturally, people should be driven to "forget" ***undesirable*** events.
	함께 학습하면 좋은 어휘			≫ 자연스럽게 사람들은 원치 않는 사건을 잊도록 유도될 것이다.
	undesirability	명	탐탁지 않음	
	undesirableness	명	바람직하지 않음	
	inadvisable	유	바람직하지 않은	
	advisable	반	바람직한	

No.	출제 어휘	품사	의미	수능 기출 예문
80	dismiss [dismís]	동	**일축하다, 해고하다**	ex) Minorities tend not to have much power or status and may even be ***dismissed*** as troublemakers, extremists or simply 'weirdos'.
	함께 학습하면 좋은 어휘			≫ 소수집단은 많은 권력이나 지위를 가지고 있지 않은 경향이 있고 심지어 말썽꾼, 극단주의자, 또는 단순히 '별난 사람'으로 일축될 수도 있다.
	dismissal	명	해고	
	dismissible	형	해고할 수 있는	
	dismissive	혼	무시하는	
	fire	유	해고하다	

No.	출제 어휘	품사	의미	수능 기출 예문
81	crucial [krúːʃəl]	형	**중요한**	ex) The ***crucial*** factor in the success of the suffragette movement was that its supporters were consistent in their views.
	함께 학습하면 좋은 어휘			≫ 여성 참정권 운동이 성공을 거둔 중대한 요인은 지지자들이 자신들의 관점에서 '일관적'이었다는 것이었다.
	cruciality	명	결정적임, 가혹	
	crucially	부	결정적으로	
	critical	유	중대한	
	trivial	반	사소한	

No.	출제 어휘	품사	의미	수능 기출 예문
82	discard [diskάːrd]	동	**버리다**	ex) In turn, they may later be ***discarded*** as the demands of present societies change.
	함께 학습하면 좋은 어휘			≫ 결국, 현재 사회의 요구가 변화함에 따라서 그것들은 나중에 버려질 수도 있다.
	discarded	형	버려진	
	discardable	형	포기할 수 있는	
	dump	유	내버리다	
	cherish	반	소중히 여기다	

No.	출제 어휘	품사	의미	수능 기출 예문
83	constraint [kənstréint]	명	**제약, 한계**	ex) This "cultural recycling" implies that the functional architecture of the human brain results from a complex mixture of biological and cultural ***constraints***.
	함께 학습하면 좋은 어휘			≫ 이러한 "문화적 재활용"은 인간 두뇌의 기능적인 구조가 생물학적이고 문화적인 제약의 복잡한 혼합물로부터 만들어진 것이라는 것을 암시한다.
	constrain	동	강제하다	
	constrained	형	강요된	
	regulation	유	규제	
	liberation	반	해방	

No.	출제 어휘	품사	의미	수능 기출 예문
84	reproduction [riˌprədəˈkʃən]	명	복제, 번식, 재생	ex) But by and large, the photograph was a challenge to painting and was one cause of painting representation and ***reproduction*** to the abstract painting of the twentieth century.
	함께 학습하면 좋은 어휘			≫ 하지만 대체로, 사진은 회화에 대한 도전이었고 회화적인 표현과 재생산이 20세기의 추상 회화로 변화해가는 한 가지 원인이었다.
	reproduce	동	복사[복제]하다	
	reproductive	형	생식[번식]의	
	duplication	유	복사, 복제	
	replication	유	사본, 모사	

No.	출제 어휘	품사	의미	수능 기출 예문
85	challenging [ʧǽlindʒiŋ]	형	어려운, 도전적인	ex) This is a much more ***challenging*** task than studying snails or sound waves.
	함께 학습하면 좋은 어휘			≫ 이것은 달팽이나 음파를 연구하는 것보다 훨씬 더 어려운 작업이다.
	challenge	동	도전하다	
	challengingly	부	도발적으로	
	demanding	유	부담이 큰, 힘든	
	testing	유	아주 힘든, 힘겨운	

No.	출제 어휘	품사	의미	수능 기출 예문
86	compromise [kάmprəmàiz]	명 동	타협, 절충(안) 타협/절충하다	ex) It often requires ***compromises***, such as testing behavior within laboratories rather than natural settings.
	함께 학습하면 좋은 어휘			≫ 이것은 자연적인 환경보다 실험실 내에서의 행동을 검사하는 것과 같은 절충이 자주 필요하다.
	compromising	형	타협적인	
	compromisingly	부	절충하여	
	negotiation	유	절충, 협의	
	comprise	혼	구성하다, 차지하다	

No.	출제 어휘	품사	의미	수능 기출 예문
87	reliance [riláiəns]	명	의존	ex) As a result, a ***reliance*** on schemata will inevitably make the world seem more "normal" than it really is and will make the past seem more "regular" than it actually was.
	함께 학습하면 좋은 어휘			≫ 결과적으로, 도식에 의존하는 것은 불가피하게 세상을 실제보다 더 '정상적인' 것으로 보이게 할 것이고, 과거를 실제보다 더 '규칙적인' 것으로 보이게 할 것이다.
	rely	동	의지하다	
	reliable	형	믿을 만한	
	dependency	유	의존, 종속	
	dependence	유	의지	

No.	출제 어휘	품사	의미	수능 기출 예문
88	perception [pərsépʃən]	명	**인식, 지각**	ex) But schematic knowledge can also hurt you, promoting errors in ***perception*** and memory.
	함께 학습하면 좋은 어휘			≫ 하지만 도식적인 지식은 또한 인식과 기억에 오류를 조장하여 여러분에게 해를 끼칠 수 있다.
	perceive	동	감지하다, 인지하다	
	perceptional	형	지각의	
	awareness	유	자각, 인식	
	cognition	유	인식, 인지	

No.	출제 어휘	품사	의미	수능 기출 예문
89	advent [ǽdvent]	명	**출현, 도래**	ex) The ***advent*** of literacy and the creation of handwritten scrolls and, eventually, handwritten books strengthened the ability of large and complex ideas to spread with high fidelity.
	함께 학습하면 좋은 어휘			≫ 글을 읽고 쓸 줄 아는 능력의 출현과 손으로 쓴 두루마리와 궁극적으로 손으로 쓴 책의 탄생은 크고 복잡한 생각이 정교함을 유지하면서 퍼져 나가는 능력을 강화했다.
	adventure	명	모험	
	adventive	형	외래의	
	occurrence	유	발생	
	emergence	유	출현	

No.	출제 어휘	품사	의미	수능 기출 예문
90	boost [buːst]	동	**신장시키다**	ex) The printing press ***boosted*** the power of ideas to copy themselves.
	함께 학습하면 좋은 어휘			≫ 인쇄기는 생각들이 스스로를 복제하는 능력을 신장시켰다.
	boosting	형	격려하는, 신장하는	
	booster	명	촉진제	
	encourage	유	격려[고무]하다	
	boast	혼	자랑하다	

●● 다음 주어진 어휘의 알맞은 뜻을 고르시오.

1	undesirable	2	dismiss	3	discard	4	reproduction	5	counteract
	① 이상적인 ② 효과적인 ③ 바람직하지 않은 ④ 추측하는 ⑤ 과장하는		① 고용하다 ② 용해하다 ③ 해고하다 ④ 추론하다 ⑤ 촉발하다		① 버리다 ② 간직하다 ③ 사용하다 ④ 반영하다 ⑤ 반성하다		① 복제 ② 상징 ③ 통합 ④ 일치 ⑤ 재활		① 숫자를 세다 ② 작동하다 ③ 전진하다 ④ 실천하다 ⑤ 중화하다

6	crucial	7	reliance	8	perception	9	overtake	10	constraint
	① 하찮은 ② 중요한 ③ 진지한 ④ 심각한 ⑤ 분리된		① 재생 ② 기회 ③ 생존 ④ 독립 ⑤ 의존		① 인식 ② 무지 ③ 영향 ④ 결과 ⑤ 과정		① 가져가다 ② 넘치다 ③ 설명하다 ④ 따라잡다 ⑤ 상승하다		① 제출 ② 출처 ③ 처리 ④ 제약 ⑤ 위기

11	consolidate	12	compromise	13	challenging	14	boost	15	advent
	① 화해하다 ② 반성하다 ③ 통합하다 ④ 각성하다 ⑤ 분해하다		① 타협 ② 대립 ③ 모순 ④ 절단 ⑤ 용해		① 추가적인 ② 점진적인 ③ 손쉬운 ④ 결정적인 ⑤ 어려운		① 꾸미다 ② 신장시키다 ③ 감소하다 ④ 떠나다 ⑤ 쇠퇴하다		① 현상 ② 유적 ③ 의존 ④ 출현 ⑤ 파생

No.	출제 어휘	품사	의미	수능 기출 예문
91	equivalent [ikwívələnt]	형	**맞먹는**	ex) The spread of ideas by word of mouth was ***equivalent*** to a game of telephone on a global scale. ≫ 구전에 의한 생각의 전파는 전 세계적인 규모의 말 전하기 놀이와 맞먹었다.
	함께 학습하면 좋은 어휘			
	equivalence	명	같음, 등가	
	equivalently	부	동등하게	
	equal	유	같은, 동등한	
	comparable	유	~에 필적하는	

No.	출제 어휘	품사	의미	수능 기출 예문
92	transcribe [trænskráib]	동	**필사하다, 기록하다**	ex) A well-trained monk could ***transcribe*** around four pages of text per day. ≫ 잘 훈련된 수도승은 하루에 약 4쪽의 문서를 필사할 수 있었다.
	함께 학습하면 좋은 어휘			
	transcription	명	표기, 기록	
	transcribable	형	기록할 수 있는	
	document	유	기록하다	
	eliminate	반	삭제하다	

No.	출제 어휘	품사	의미	수능 기출 예문
93	depiction [dipíkʃən]	명	**묘사**	ex) A major challenge for map-makers is the ***depiction*** of hills and valleys, slopes and flatlands collectively called the topography. ≫ 지도 제작자들의 커다란 어려움은 집합적으로 지형이라고 불리는 언덕과 계곡, 경사지와 평지의 묘사이다.
	함께 학습하면 좋은 어휘			
	depict	동	기술,묘사하다	
	depictive	형	묘사[서술]적인	
	portray	유	그리다[묘사하다]	
	explain	유	설명하다	

No.	출제 어휘	품사	의미	수능 기출 예문
94	represent [rèprizént]	동	**묘사하다, 나타내다**	ex) Contour lines can ***represent*** scarps, hollows, and valleys of the local topography. ≫ 등고선은 지역 지형의 가파른 비탈, 분지, 계곡을 나타낼 수 있다.
	함께 학습하면 좋은 어휘			
	representative	명	대표(자)	
	representation	명	묘사	
	describe	유	기술하다	
	demonstrate	유	보여주다	

No.	출제 어휘	품사	의미	수능 기출 예문
95	relief [rilíːf]	명	**안도, 고저**	ex) At a glance, they reveal whether the relief in the mapped area is great or small: a "busy" contour map means lots of high ***relief***.
	함께 학습하면 좋은 어휘			
	relieve	명	완화하다, 줄이다	» 한눈에, 그것들은 지도로 그려진 지역의 고저가
	relievable	형	구조할 수 있는	큰지 작은지를 드러내는데, '복잡한' 등고선 지도는
	soothe	유	달래다	많은 높은 기복을 의미한다.
	reassure	유	안심시키다	

No.	출제 어휘	품사	의미	수능 기출 예문
96	extraction [ikstrǽkʃən]	명	**추출**	ex) For example, the energy output from solar panels or wind power engines, may need to be assessed differently when compared to most fossil fuel ***extraction*** technologies.
	함께 학습하면 좋은 어휘			
	extract	동	추출하다	» 예를 들어, 태양 전지판이나 풍력 엔진으로부터의
	extractable	형	추출할 수 있는	에너지 생산은 대부분의 화석 연료 추출 기술과 비교
	extrication	혼	구출, 탈출	했을 때 다르게 평가될 필요가 있다.
	extinction	혼	멸종	

No.	출제 어휘	품사	의미	수능 기출 예문
97	acquisition [ǽkwizíʃən]	명	**취득, 획득**	ex) Investigations into the economics of information encompass the savings from effective information ***acquisition***.
	함께 학습하면 좋은 어휘			
	acquire	동	얻다, 획득하다	» 정보의 경제학에 대한 연구는 효과적인 정보 취득
	license acquisition	명	자격 취득	으로 인한 절약을 포함한다.
	attainment	유	취득, 달성	
	acquaintance	혼	아는 사람, 지인	

No.	출제 어휘	품사	의미	수능 기출 예문
98	enlarge [inlάːrdʒ]	동	**확대하다**	ex) Workers then wanted more leisure and leisure time was ***enlarged*** by union campaigns, which first started in the cotton industry.
	함께 학습하면 좋은 어휘			
	enlargement	명	확대, 확장	» 그 후 노동자들은 더 많은 여가를 원했고, 여가
	enlargeable	형	확대할 수 있는	시간은 노동조합 운동에 의해 확대되었는데, 이 일은
	expand	유	확장하다	면화 산업에서 맨 처음 시작되었다.
	reduce	반	축소하다	

No.	출제 어휘	품사	의미	수능 기출 예문
99	entitlement [intáitlmənt]	명	**권리, 자격**	ex) Eventually new laws were passed that limited the hours of work and gave workers holiday ***entitlements***.
	함께 학습하면 좋은 어휘			❯❯ 결국 노동 시간을 제한하고 노동자들에게 휴가의 권리를 주는 새로운 법이 통과되었다.
	entitle	동	자격을 주다	
	entitled	형	자격을 갖춘	
	license	유	면허를 내주다	
	authorize	유	권위를 부여하다	

No.	출제 어휘	품사	의미	수능 기출 예문
100	exaggerate [igzǽdʒərèit]	동	**과장하다**	ex) The importance of this can hardly be ***exaggerated***.
	함께 학습하면 좋은 어휘			❯❯ 이것의 중요성은 아무리 강조해도 지나치지 않다.
	exaggeration	명	과장	
	exaggerator	형	과장적인 것	
	overstate	유	과장하여 말하다	
	overemphasize	유	지나치게 강조하다	

No.	출제 어휘	품사	의미	수능 기출 예문
101	underestimate [ə'ndəre'stəmeiˌt]	동	**과소평가하다**	ex) Indeed, large numbers have been found to lack meaning and to be ***underestimated*** in decisions unless they convey affect (feeling).
	함께 학습하면 좋은 어휘			❯❯ 사실상 큰 수는 정서적 반응(감정)을 전달하지 않는다면 의미가 없으며 결정을 할 때 과소평가된다는 것이 밝혀졌다.
	underestimated	형	과소평가된	
	underestimation	명	과소평가	
	overestimate	반	과대평가하다	
	undervalue	유	과소평가하다	

No.	출제 어휘	품사	의미	수능 기출 예문
102	disturbing [dɪlstɜ:rbɪŋ]	형	**충격적인, 성가신**	ex) However, the noise of barking and yelling from the park at night is so loud and ***disturbing*** that I cannot relax in my apartment.
	함께 학습하면 좋은 어휘			❯❯ 하지만 밤에 그 공원에서 들려오는, 애완견이 짖고 소리를 지르는 소음이 너무 시끄럽고 방해가 되어 나는 아파트에서 쉴 수가 없습니다.
	disturb	동	방해하다	
	disturbance	명	방해, 폐해	
	interrupt	유	가로막다	
	interfere	유	간섭하다	

No.	출제 어휘	품사	의미	수능 기출 예문
103	fascinating [fǽsɪneɪtɪŋ]	형	**매력적인**	ex) The landscape looked _**fascinating**_ as the bus headed to Alsace. ≫ 버스가 Alsace로 향하는 동안 경치는 굉장히 아름다워 보였다.
	함께 학습하면 좋은 어휘			
	fascinate	동	매혹하다	
	fascination	명	매혹, 매료됨	
	entrance	유	넋을 잃게 하다	
	captivate	유	매혹하다	

No.	출제 어휘	품사	의미	수능 기출 예문
104	appeal [əpíːl]	동	**매력적이다, 관심을 끌다**	ex) The fields were vast, but hardly _**appealed**_ to him. ≫ 들판은 광대했지만 그에게는 전혀 매력적이지 않았다.
	함께 학습하면 좋은 어휘			
	appealable	형	항소할 수 있는	
	appealing	형	매력적인	
	attract	유	마음을 끌다	
	allure	유	유혹하다	

No.	출제 어휘	품사	의미	수능 기출 예문
105	action [ǽkʃən]	명	**조치**	ex) I want immediate _**action**_ to solve this urgent problem. ≫ 나는 이 긴급한 문제를 해결할 수 있는 즉각적인 조치를 원합니다.
	함께 학습하면 좋은 어휘			
	act	동	조치를 취하다	
	active	형	유효한	
	measure	유	조치	
	step	유	움직임, 조치	

●● 다음 주어진 어휘의 알맞은 뜻을 고르시오.

1	relief	2	transcribe	3	acquisition	4	extraction	5	represent
① 쾌락 ② 안도 ③ 걱정 ④ 후회 ⑤ 위기		① 추출하다 ② 기록하다 ③ 예상하다 ④ 향상하다 ⑤ 삭제하다		① 실험 ② 결과 ③ 확장 ④ 취득 ⑤ 폐기		① 변환 ② 관찰 ③ 추출 ④ 형상 ⑤ 추측		① 생산하다 ② 전환하다 ③ 고용하다 ④ 양립하다 ⑤ 나타내다

6	exaggerate	7	equivalent	8	entitlement	9	enlarge	10	depiction
① 축소하다 ② 환영하다 ③ 화해하다 ④ 폭발하다 ⑤ 과장하다		① 맞먹는 ② 독립적인 ③ 분리된 ④ 강화된 ⑤ 색다른		① 구조 ② 구성 ③ 의지 ④ 권리 ⑤ 의무		① 축소하다 ② 확대하다 ③ 확인하다 ④ 평가하다 ⑤ 회상하다		① 수술 ② 시행 ③ 묘사 ④ 실험 ⑤ 사용

11	underestimate	12	fascinate	13	disturb	14	action	15	appeal
① 서다 ② 펄럭이다 ③ 혼용하다 ④ 과소평가하다 ⑤ 가로채다		① 활용하다 ② 충돌하다 ③ 적용하다 ④ 혼란스럽다 ⑤ 매혹하다		① 가입하다 ② 순종하다 ③ 순화하다 ④ 방해하다 ⑤ 회상하다		① 소환 ② 결론 ③ 누락 ④ 조치 ⑤ 반응		① 매력적이다 ② 매복하다 ③ 매진하다 ④ 전파하다 ⑤ 전진하다

No.	출제 어휘	품사	의미	수능 기출 예문
106	improper [imprɑ́pər]	형	부적절한	ex) They will look silly, ***improper***, or dumb if they allow themselves to truly play.
	함께 학습하면 좋은 어휘			❯❯ 그들이 진정으로 놀 수 있도록 하면, 그들 자신이 어리석거나, 부적절하거나, 혹은 바보같이 보일 것이다.
	impropriety	명	부적절한 행동	
	improperly	부	적절하지 않게	
	inappropriate	유	부적합한	
	inadequate	유	부적당한	

No.	출제 어휘	품사	의미	수능 기출 예문
107	pound [paund]	동	~을 두드리다	ex) They get ***pounded*** out by norms that look down on "frivolity."
	함께 학습하면 좋은 어휘			❯❯ '경박함'을 경시하는 규범이 그들을 계속 두들겨 댄다.
	pounding	명	심하게 두드림	
	pounder	명	두들기는 사람	
	beat	유	두드리다, 때리다	
	strike	유	치다, 부딪치다	

No.	출제 어휘	품사	의미	수능 기출 예문
108	internalize [intə́ːrnəlàiz]	동	내면화하다	ex) This is particularly true for people who have been valued by other cultural norms that are ***internalized*** and no longer questioned.
	함께 학습하면 좋은 어휘			❯❯ 이것은 내면화되어 더 이상 의문시 되지 않는 다른 문화 규범에 의해 평가되어 온 사람들에게 있어 특히 그러하다.
	internal	형	내부의	
	internalization	명	내재화	
	externalize	반	외면화하다	
	materialize	반	구체화되다, 실현되다	

No.	출제 어휘	품사	의미	수능 기출 예문
109	improvise [ímprəvàiz]	동	즉흥적으로 하다	ex) You have to give yourself permission to ***improvise***, to mimic, to take on a long-hidden identity.
	함께 학습하면 좋은 어휘			❯❯ 당신은 즉흥적으로 하고, 흉내 내고, 오랫동안 숨겨져 있던 정체성을 나타낼 수 있도록 스스로에게 허락해야 한다.
	improvisatory	형	즉흥적인	
	improvisation	명	즉석에서 하기	
	spontaneous	유	즉흥적인	
	impromptu	유	즉흥적으로 한	

No.	출제 어휘	품사	의미	수능 기출 예문
110	drill [dril]	동	반복하여 가르치다, 구멍을 뚫다	ex) They ignore the improvisatory instincts *drilled* into us for millions of years.
	함께 학습하면 좋은 어휘			≫ 그들은 수백만 년 동안 우리에게 주입되어 온 즉흥적인 직감을 무시한다.
	driller	명	구멍 뚫어 주는 사람	
	drillable	형	뚫을 수 있는, 훈련할 수 있는	
	instruct	유	가르치다	
	penetrate	유	꿰뚫다, 관통하다	

No.	출제 어휘	품사	의미	수능 기출 예문
111	install [instɔ́:l]	동	설치하다, 정착하게 하다	ex) Others emphasize creative usage of a database, without *installing* a fund of knowledge in the first place.
	함께 학습하면 좋은 어휘			≫ 다른 사람들은 애초에 많은 지식을 축적함이 없는 창의적인 데이터베이스의 사용을 강조한다.
	installer	명	설치하는 사람	
	installation	명	설치, 설비	
	institute	유	도입하다	
	disassemble	반	분해하다, 해체하다	

No.	출제 어휘	품사	의미	수능 기출 예문
112	accompany [əkʌ́mpəni]	동	수반하다, 동행하다	ex) But the desire for written records has always *accompanied* economic activity.
	함께 학습하면 좋은 어휘			≫ 그러나 문자 기록에 대한 욕구는 언제나 경제 활동을 수반해 왔다.
	accompaniment	명	수반, 동반되는 것	
	accompanying	형	수반하는	
	escort	유	호위하다	
	accommodate	혼	수용하다	

No.	출제 어휘	품사	의미	수능 기출 예문
113	dominate [dάmənèit]	동	지배하다	ex) Early human writing is *dominated* by wheeling and dealing: a collection of bets, bills, and contracts.
	함께 학습하면 좋은 어휘			≫ 초기의 인간의 글쓰기는 도박과 계산서, 계약서의 묶음과 같이 목적을 위해서는 수단을 가리지 않는 것에 의해 좌우된다.
	dominance	명	우월	
	dominant	형	우세한	
	control	유	지배하다	
	govern	유	통치하다	

No.	출제 어휘	품사	의미	수능 기출 예문
114	competent [kάmpətənt]	형	**유능한, 능력 있는**	ex) Human beings do not enter the world as ***competent*** moral agents. ≫ 인간은 유능한 도덕적 행위자로서 세상에 들어오지 않는다.
	함께 학습하면 좋은 어휘			
	competence	명	능숙함, 능숙도	
	competentness	명	유능함 , 합법적임	
	proficient	유	능숙한, 능란한	
	incompetent	반	무능한	

No.	출제 어휘	품사	의미	수능 기출 예문
115	qualify [kwάləfài]	동	**자격을 주다**	ex) Most people acquire a bit of decency that ***qualifies*** them for membership in the community of moral agents. ≫ 대부분의 사람들은 그들에게 도덕적 행위자 공동체의 구성원 자격을 주는 얼마간의 예의를 습득한다.
	함께 학습하면 좋은 어휘			
	qualifiable	형	자격이 주어지는	
	qualification	명	자격, 자격증	
	empower	유	권한을 위임하다	
	disqualify	반	자격을 박탈하다	

No.	출제 어휘	품사	의미	수능 기출 예문
116	nurture [nə́ːrtʃər]	명	**양육**	ex) The interaction between nature and ***nurture*** is, however, highly complex. ≫ 하지만 천성과 양육 사이의 상호 작용은 매우 복잡하다.
	함께 학습하면 좋은 어휘			
	nurturer	명	양육하는 사람	
	nurturable	형	양육할 수 있는	
	rear	유	기르다, 부양하다	
	breed	혼	기르다, 사육하다	

No.	출제 어휘	품사	의미	수능 기출 예문
117	grasp [græsp]	동	**꽉잡다, 파악하다**	ex) Developmental biologists are only just beginning to ***grasp*** just how complex it is. ≫ 발달 생물학자들은 그저 그것이 얼마나 복잡한지를 간신히 이해하기 시작하고 있을 뿐이다.
	함께 학습하면 좋은 어휘			
	grasper	명	붙잡는 사람	
	graspable	형	이해할 수 있는	
	comprehend	유	이해하다	
	apprehend	유	파악하다	

No.	출제 어휘	품사	의미	수능 기출 예문
118	competitor [kəmpétətər]	명	경쟁자	ex) The increased probability of ***competitors*** that prevent invasion success, diverse communities are assumed to use resources more completely. » 경쟁자들의 침입이 성공하는 것을 막을 가능성이 커진 상황에서 다양한 군집들은 자원을 더 완전하게 사용 할 것으로 여겨진다.
	함께 학습하면 좋은 어휘			
	compete	동	경쟁하다	
	competition	명	경쟁	
	contestant	유	경쟁자	
	competer	유	경쟁자	

No.	출제 어휘	품사	의미	수능 기출 예문
119	reside [rizáid]	동	거주하다	ex) The Nuer are one of the largest ethnic groups in South Sudan, primarily ***residing*** in the Nile River Valley. » Nuer 족은 South Sudan의 가장 큰 민족 집단 중 하나로, 주로 Nile River Valley에 거주한다.
	함께 학습하면 좋은 어휘			
	residence	명	주택, 거주지	
	resident	명	거주자	
	dwell	유	거주하다	
	inhabit	유	거주하다	

No.	출제 어휘	품사	의미	수능 기출 예문
120	revolve [rivάlv]	동	~을 중심으로 돌아가다, 회전하다	ex) The Nuer are a cattle-raising people, whose everyday lives ***revolve*** around their cattle. » Nuer 족은 소를 기르는 민족으로, 그들의 일상 생활은 자신들의 소를 중심으로 돌아간다.
	함께 학습하면 좋은 어휘			
	revolvable	형	회전할 수 있는	
	revolvably	부	회전할 수 있게	
	rotate	유	회전하다	
	wheel	유	회전시키다	

●● **다음 주어진 어휘의 알맞은 뜻을 고르시오.**

1	improvise	2	revolve	3	reside	4	qualify	5	pound
① 내포하다 ② 과시하다 ③ 즉흥적으로 하다 ④ 외면하다 ⑤ 제외하다		① 회피하다 ② 복제하다 ③ 회전하다 ④ 전달하다 ⑤ 구축하다		① 재생하다 ② 평행하다 ③ 재촉하다 ④ 사라지다 ⑤ 거주하다		① 추종하다 ② 자격을 주다 ③ 박탈하다 ④ 전시하다 ⑤ 대처하다		① 인쇄하다 ② 상승하다 ③ 연기하다 ④ ~을 두들겨 대다 ⑤ 취소하다

6	dominate	7	nurture	8	competent	9	internalize	10	install
① 도전하다 ② 지배하다 ③ 배정하다 ④ 결정하다 ⑤ 삭제하다		① 양육 ② 자연 ③ 본성 ④ 간호 ⑤ 성질		① 무기력한 ② 유능한 ③ 경쟁하는 ④ 유서깊은 ⑤ 단편적인		① 승인하다 ② 포함하다 ③ 내면화하다 ④ 외면화하다 ⑤ 대신하다		① 탈출하다 ② 정착하게 하다 ③ 적용하다 ④ 제명하다 ⑤ 입장하다

11	competitor	12	improper	13	grasp	14	accompany	15	drill
① 지지자 ② 피해자 ③ 경쟁자 ④ 주동자 ⑤ 방관자		① 부적절한 ② 부수적인 ③ 적절한 ④ 절차적인 ⑤ 계약상의		① 움직이다 ② 이해하다 ③ 감사하다 ④ 감축하다 ⑤ 신청하다		① 운영하다 ② 해소하다 ③ 해고하다 ④ 고발하다 ⑤ 수반하다		① 떠오르다 ② 튕겨나가다 ③ 분배하다 ④ 반복하여 가르치다 ⑤ 계약하다

No.	출제 어휘	품사	의미	수능 기출 예문
121	conceptualize [kənséptʃuəlàiz]	동	**개념화하다**	ex) Thus the natural world is ***conceptualized*** in terms of human social relations. ≫ 따라서 자연의 세계는 인간의 사회적 관계 측면에서 개념화된다.
	함께 학습하면 좋은 어휘			
	conceptualization	명	개념화	
	conceptual	형	개념의, 구상의	
	embody	반	상징(구현)하다	
	materialize	반	구체화되다	

No.	출제 어휘	품사	의미	수능 기출 예문
122	observe [əbzə́:rv]	동	**관찰하다, 진술하다**	ex) Among hunter-gatherers, animals are not only good to eat, they are also good to think about, as Claude Lévi-Strauss has ***observed***. ≫ 인류학자인 Claude Levi-Strauss가 말했듯이 수렵, 채집인들에게 동물은 먹기 좋은 대상일 뿐만 아니라, '생각해 보기에도 좋은' 대상이다.
	함께 학습하면 좋은 어휘			
	observation	명	관찰, 관측	
	observance	명	(법률 등의) 준수	
	comment	유	진술하다	
	state	유	말하다	

No.	출제 어휘	품사	의미	수능 기출 예문
123	preoccupation [priɑ:kjupeɪʃn]	명	**사로잡힘, 심취, 몰두**	ex) When considered in this light, the visual ***preoccupation*** of early humans with the nonhuman creatures inhabiting their world becomes profoundly meaningful. ≫ 이런 측면에서 고려될 때, 초기 인류가 자신들의 세계에 살고있는 인간 이외의 생명체들에 대하여 시각적으로 집착한 것은 깊은 의미를 띠게 된다.
	함께 학습하면 좋은 어휘			
	preoccupy	동	뇌리를 사로잡다, 선점하다	
	preoccupancy	명	선점, 선취(권)	
	obsession	유	강박 관념, 망상, 집념	
	engrossment	유	전념, 몰두	

No.	출제 어휘	품사	의미	수능 기출 예문
124	consistent [kənsístənt]	형	**일관된, 양립하는**	ex) The fact that she's not afraid of snakes is entirely ***consistent*** with her being afraid of heights, water, dogs or the number thirteen. ≫ 그녀가 뱀을 두려워하지 않는다는 사실은 그녀가 높은 곳, 물, 개, 또는 숫자 13을 두려워 한다는 것과 전적으로 일치한다.
	함께 학습하면 좋은 어휘			
	consistency	명	한결같음, 일관성	
	consist	동	양립, 일치하다	
	compatible	유	양립할 수 있는	
	corresponding	유	상응하는	

No.	출제 어휘	품사	의미	수능 기출 예문
125	struggle [strʌgl]	동	온 힘을 다하다, 발버둥 치다	ex) They were standing without a word and watching the fish ***struggling***. » 그들은 말 한 마디 없이 선 채 물고기들이 온 힘을 다 해 몸부림치는 것을 지켜보았다.
	함께 학습하면 좋은 어휘			
	strugglingly	부	고군분투하면서	
	struggling	형	발버둥 치는	
	strain	유	애쓰다	
	strive	유	노력하다	

No.	출제 어휘	품사	의미	수능 기출 예문
126	reflect [riflékt]	동	숙고하다 반영(반사)하다	ex) We should pause to ***reflect***. » 우리는 멈춰서 심사숙고해야 한다.
	함께 학습하면 좋은 어휘			
	reflection	명	반사, 반영	
	reflective	형	반사하는, 반영하는	
	meditate	유	숙고하다	
	contemplate	유	심사숙고하다	

No.	출제 어휘	품사	의미	수능 기출 예문
127	explicit [iksplísit]	형	분명한, 명확한	ex) The choices which have been made ***explicit*** exhaust the sensible alternatives. » 명확하게 만들어진 선택사항들이 합리적인 대안들을 없어지게 한다.
	함께 학습하면 좋은 어휘			
	explicitness	명	명백함, 솔직함	
	explicitly	부	분명하게	
	obvious	유	분명한	
	implicit	반	은연중의, 함축적인	

No.	출제 어휘	품사	의미	수능 기출 예문
128	advocate [ǽdvəkèit]	명 동	옹호자 옹호하다	ex) The role of science can sometimes be overstated, with its ***advocates*** slipping into scientism. » 과학의 역할은 때때로 과장될 수 있고, 그것의 옹호자들은 과학만능주의에 빠져든다.
	함께 학습하면 좋은 어휘			
	advocacy	명	옹호, 지지	
	advocative	형	옹호(주장)하는	
	supporter	유	지지자	
	promoter	유	주창자, 옹호자	

No.	출제 어휘	품사	의미	수능 기출 예문
129	conception [kənsépʃən]	명	**개념**	ex) The Swiss psychologist Jean Piaget frequently analyzed children's ***conception*** of time via their ability to compare or estimate the time taken by pairs of events. ▶ 스위스의 심리학자 Jean Piaget는 짝지은 사건들 간에 소요 되는 시간을 비교하거나 추정하는 아이들의 능력을 통해 그들의 시간 개념을 자주 분석했다.
	함께 학습하면 좋은 어휘			
	conceive	동	마음속에 품다	
	conceptional	형	개념의, 개념상의	
	idea	유	생각, 개념	
	notion	유	개념	

No.	출제 어휘	품사	의미	수능 기출 예문
130	transmission [trænsmíʃən]	명	**전염, 전파 전송, 방송**	ex) Advertisers look back nostalgically to the years when a single spot ***transmission*** would be seen by the majority of the population at one fell swoop. ▶ 광고주들은 한 군데에서 전송하는 것을 대부분의 사람들이 한 번에 보게 되었던 시절을 향수에 젖어 회상한다.
	함께 학습하면 좋은 어휘			
	transmit	동	전송하다, 전염시키다	
	transmissive	형	전달[전도]되는	
	circulation	유	순환, 전달, 유포	
	broadcasting	유	방송	

No.	출제 어휘	품사	의미	수능 기출 예문
131	temporal [témpərəl]	형	**시간의, 속세의**	ex) Preschoolers and young school-age children confuse ***temporal*** and spatial dimensions. ▶ 미취학 아동과 어린 학령기 아동은 시간 차원과 공간 차원을 혼동한다.
	함께 학습하면 좋은 어휘			
	temporality	명	일시적임, 일시성	
	temporary	형	일시적인, 임시의	
	secular	유	세속적인	
	profane	유	세속적인, 불경한	

No.	출제 어휘	품사	의미	수능 기출 예문
132	necessitate [nəsésətèit]	동	**필연적으로 동반하다**	ex) Starting times are judged by starting points, stopping times by stopping points and durations by distance, though each of these errors does not ***necessitate*** the others. ▶ 시작 시각은 시작 지점에 의해, 정지 시각은 정지 지점에 의해, 그리고 지속 시간은 거리에 의해 판단되지만 각각의 오류들은 다른 오류들을 꼭 동반하지는 않는다.
	함께 학습하면 좋은 어휘			
	necessity	명	필요(성)	
	necessary	형	필요한	
	entail	유	수반하다	
	involve	유	수반[포함]하다	

No.	출제 어휘	품사	의미	수능 기출 예문
133	influential [flʌktʃuèit]	형	**영향력 있는**	ex) Frank Hyneman Knight was one of the most *__influential__* economists of the twentieth century. ❯❯ Frank Hyneman Knight는 20세기의 가장 영향력 있는 경제학자들 중 한 명이었다.
	함께 학습하면 좋은 어휘			
	influence	명 동	영향, 충격을 주다	
	influencer	명	영향력을 행사하는 사람	
	powerful	유	영향력 있는	
	potent	유	강력한	

No.	출제 어휘	품사	의미	수능 기출 예문
134	convert [kənvə́:rt]	동	**전환하다**	ex) They help to *__convert__* free natural resources like the sun and wind into the power that fuels our lives. ❯❯ 그것들은 태양과 바람과 같은 천연자원을 우리의 생활의 동력원으로 전환하는데 도움을 준다.
	함께 학습하면 좋은 어휘			
	conversion	명	전환, 개조	
	convertible	형	전환 가능한	
	transform	유	변형시키다	
	alter	유	변경하다	

No.	출제 어휘	품사	의미	수능 기출 예문
135	fluctuate [flʌktʃuèit]	동	**변동하다**	ex) All natural sounds consist of constantly *__fluctuating__* frequencies. ❯❯ 자연의 모든 소리가 지속적으로 변동하는 주파수로 구성되어 있다.
	함께 학습하면 좋은 어휘			
	fluctuation	명	변동	
	fluctuational	형	변동하는	
	alternate	유	번갈아 일어나다	
	transform	유	변형시키다	

●● 다음 주어진 어휘의 알맞은 뜻을 고르시오.

1	temporal	2	advocate	3	reflect	4	convert	5	conception
	① 공간의 ② 동질적인 ③ 시간의 ④ 실험의 ⑤ 이타적인		① 심판자 ② 판매자 ③ 구매자 ④ 경쟁자 ⑤ 옹호자		① 성숙하다 ② 반주하다 ③ 대조하다 ④ 대표하다 ⑤ 심사숙고하다		① 발열하다 ② 전환하다 ③ 전시하다 ④ 구상하다 ⑤ 규제하다		① 공생 ② 외출 ③ 구조 ④ 개념 ⑤ 발설
6	fluctuate	7	explicit	8	necessitate	9	preoccupation	10	influential
	① 뛰어나다 ② 변동하다 ③ 변상하다 ④ 마주치다 ⑤ 실시하다		① 불분명한 ② 변동적인 ③ 일시적인 ④ 암시적인 ⑤ 명백한		① 불필요하다 ② 파괴하다 ③ 필연적으로 동반하다 ④ 복원하다 ⑤ 설치하다		① 확정 ② 정지 ③ 전파 ④ 몰두 ⑤ 무시		① 승인받은 ② 소진된 ③ 무반응의 ④ 영향력있는 ⑤ 계산적인
11	struggle	12	consistent	13	transmission	14	conceptualize	15	observe
	① 온 힘을 다하다 ② 포기하다 ③ 완화하다 ④ 상징하다 ⑤ 표현하다		① 양립하는 ② 단절된 ③ 부분적인 ④ 전체적인 ⑤ 파손된		① 발전 ② 폐쇄 ③ 인용 ④ 파멸 ⑤ 전달		① 제거하다 ② 반응하다 ③ 개념화하다 ④ 자극하다 ⑤ 검열하다		① 남겨두다 ② 기입하다 ③ 제외하다 ④ 포함하다 ⑤ 진술하다

10일차

10일차

136

출제 어휘	품사	의미
define [difáin]	동	정의하다, 규정하다
함께 학습하면 좋은 어휘		
definition	명	정의
definite	형	확실한, 확고한
prescribe	유	한정하다
stipulate	유	규정[명기]하다

ex) A number of twentieth-century writers have assumed, like Hanslick, that fixed pitches are among the **defining** features of music.

» 그리고 20세기의 많은 작곡가들은 Hanslick과 마찬가지로 고정된 음높이가 음악의 결정적인 특징 중의 하나라고 추정했다

137

출제 어휘	품사	의미
notional [nóuʃənl]	형	관념상의, 개념상의
함께 학습하면 좋은 어휘		
notion	명	개념
notionally	부	개념적으로
conceptual	유	개념[관념]적인
abstract	유	추상적인

ex) Japanese shakuhachi music and the sanjo music of Korea, for instance, fluctuate constantly around the **notional** pitches in terms of which the music is organized.

» 예를 들어, 일본의 '사쿠하치' 음악과 한국의 '산조' 음악은 그 음악이 구성된 관념상의 음 높이라는 견지에서 그 주위에서 끊임없이 변동한다.

138

출제 어휘	품사	의미
contradict [kɑ̀ntrədíkt]	동	모순되다, 반박하다
함께 학습하면 좋은 어휘		
contradiction	명	모순
contradictory	형	모순되는
conflict	유	상충하다
dispute	유	반박하다

ex) Although commonsense knowledge may have merit, it also has weaknesses, not the least of which is that it often **contradicts** itself.

» 상식적인 지식에 장점이 있을 수 있지만, 그것에는 약점도 있는데, 그중에서 중요한 것은 그것이 모순되는 경우가 많다는 것이다.

139

출제 어휘	품사	의미
clarify [klǽrəfài]	동	분명히 하다, 정화하다
함께 학습하면 좋은 어휘		
clarification	명	깨끗하게 함
clarifier	명	정화기
purify	유	정화하다
contaminate	반	오염시키다

ex) The primary goal of historians of science was to **clarify** and deepen an understanding of contemporary scientific methods or concepts.

» 과학 사학자의 주요 목표는 '당대의 과학적 방법이나 개념을 분명히 하고, 깊게 하는 것'이다.

No.	출제 어휘	품사	의미	수능 기출 예문
140	entail [intéil]	동	**수반하다**	ex) For example, when facing a choice that _**entails**_ risk, which guideline should we use — "Nothing ventured, nothing gained" or "Better safe than sorry"? ≫ 예를 들어, 위험을 수반하는 선택에 직면할 때, '모험하지 않으면 아무것도 얻을 수 없다' 또는 '나중에 후회하는 것보다 조심하는 것이 낫다' 중에 우리는 어느 지침을 이용해야 하는가?
	함께 학습하면 좋은 어휘			
	entailment	명	세습, 재산	
	entailing	형	수반하는	
	involve	유	수반하다, 포함하다	
	include	유	포함하다	

No.	출제 어휘	품사	의미	수능 기출 예문
141	accumulation [əkjú:mjulèit]	명	**축적, 누적**	ex) This entailed relating the progressive _**accumulation**_ of breakthroughs and discoveries. ≫ 이것은 획기적인 발전과 발견의 점진적인 축적을 관련짓는 것을 수반했다.
	함께 학습하면 좋은 어휘			
	accumulate	동	모으다, 축적하다	
	accumulative	형	누적되는, 늘어나는	
	deposit	유	퇴적(물), 침전	
	build-up	유	축적, 증가	

No.	출제 어휘	품사	의미	수능 기출 예문
142	frame [freim]	동 명	**구상(표현)하다, 틀, 뼈대**	ex) The fact that the concepts, questions and standards that they use to _**frame**_ the past are themselves subject to historical change. ≫ 과거를 표현하기 위해 그들이 사용하는 개념들, 질문, 기준 자체가 역사적 변화의 영향 아래에 있다는 사실이다.
	함께 학습하면 좋은 어휘			
	framer	명	짜는 사람, 세공사	
	framed	형	틀에 낀	
	framework	유	뼈대, 틀	
	structure	유	뼈대, 골격	

No.	출제 어휘	품사	의미	수능 기출 예문
143	resident [rézədnt]	명 형	**거주자, 투숙객 거주하는, 상주하는**	ex) Individuals of many _**resident**_ species may be forced to balance costs in the form of lower non breeding survivorship. ≫ 많은 텃새 종의 개체들은 더 낮은 비번식기의 생존율의 형태로 대가의 균형을 맞추도록 강요당할 수도 있다.
	함께 학습하면 좋은 어휘			
	reside	동	살다, 거주하다	
	residence	명	거주, 거주지	
	inhabitant	유	거주자	
	nonresident	반	비거주자	

No.	출제 어휘	품사	의미	수능 기출 예문
144	arguable [ά:rgjuəbl]	형	주장할 수 있는, 논쟁할 만한	ex) Still, it is ***arguable*** that advertisers worry rather too much about this problem, as advertising in other media has always been fragmented.
	함께 학습하면 좋은 어휘			❯❯ 그렇다고 하더라도, 다른 미디어를 이용한 광고들은 늘 단편적이었으므로, 광고주들이 이 문제에 대해 오히려 너무 많이 걱정하는 것일 수 있다고 주장할 만하다.
	argue	동	다투다, 주장하다	
	argument	명	논쟁, 언쟁, 말다툼	
	questionable	유	논란의 여지가 있는	
	debatable	유	논쟁의 여지가 있는	

No.	출제 어휘	품사	의미	수능 기출 예문
145	elaborate [ilǽbərət]	형 동	정교한, 복잡한 자세히 말하다	ex) The species has evolved ***elaborate*** greeting behaviors.
	함께 학습하면 좋은 어휘			❯❯ 그 종은 정교한 인사 행동을 진화시켜 왔다.
	elaborative	형	공들인, 정교한	
	elaboration	명	공들임, 퇴고	
	complicated	유	복잡한	
	plain	반	단조로운	

No.	출제 어휘	품사	의미	수능 기출 예문
146	admiration [ædməréiʃən]	명	감탄, 존경	ex) Nina shouted at the success with ***admiration***.
	함께 학습하면 좋은 어휘			❯❯ Nina는 그 성공에 감탄하며 외쳤다.
	admire	동	존경하다, 칭찬하다	
	admiring	형	존경하는, 칭찬하는	
	respect	유	존경, 경의	
	praise	유	칭찬, 찬양	

No.	출제 어휘	품사	의미	수능 기출 예문
147	participate [pa:rtísəpèit]	동	참가하다, 관여하다	ex) This is how you ***participate***.
	함께 학습하면 좋은 어휘			❯❯ 이것이 참가 방법이다.
	participant	명	참가자	
	participation	명	참가, 참여	
	join	유	참가하다, 가입하다	
	partake	유	참여하다	

No.	출제 어휘	품사	의미	수능 기출 예문
148	non-perishable [nan-périʃəbl]	형	잘 상하지 않는, 보존할 수 있는	ex) The donated food should be ***non-perishable*** like canned meats and canned fruits.
	함께 학습하면 좋은 어휘			❯❯ 기부되는 음식은 통조림 고기와 통조림 과일 같
	perish	동	죽다, 소멸하다	은 상하지 않는 음식이어야 합니다. .
	perishable	형	잘 상하는	
	preservable	유	보존할 수 있는	
	decayable	반	부패할 수 있는	

No.	출제 어휘	품사	의미	수능 기출 예문
149	distribute [distríbjuːt]	동	분배하다, 배포하다	ex) We will ***distribute*** the food to our neighbors on Christmas Eve.
	함께 학습하면 좋은 어휘			❯❯ 우리는 그 음식을 크리스마스이브에 우리의 이웃
	distribution	명	분배, 분포	들에게 나눠줄 겁니다.
	distributive	형	분배의, 유통의	
	circulate	유	배부하다, 유통하다	
	contribute	혼	공헌하다, 기여하다	

No.	출제 어휘	품사	의미	수능 기출 예문
150	expertise [èkspərtíːz]	명	전문적 기술(지식)	ex) Developing ***expertise*** carries costs of its own.
	함께 학습하면 좋은 어휘			❯❯ 전문성을 개발하는 데는 그 자체의 비용이 수반
	expert	명	전문가	된다.
	expertize	동	전문적 의견을 말하다	
	specialty	유	전문성	
	amateur	반	아마추어, 비전문가	

●● **다음 주어진 어휘의 알맞은 뜻을 고르시오.**

1	notional	2	resident	3	non-perishable	4	participate	5	frame
	① 규범적인 ② 개념상의 ③ 구체적인 ④ 규제하는 ⑤ 구조적인		① 거주자 ② 집행관 ③ 반역자 ④ 실험자 ⑤ 지휘자		① 변형할 수 있는 ② 변칙적인 ③ 파생적인 ④ 상용할 수 있는 ⑤ 잘 부패하지 않는		① 주최하다 ② 참가하다 ③ 착용하다 ④ 제외하다 ⑤ 포함하다		① 구상하다 ② 구조하다 ③ 상기하다 ④ 구출하다 ⑤ 개조하다
6	elaborate	7	distribute	8	expertise	9	entail	10	contradict
	① 정교한 ② 직립의 ③ 적용된 ④ 서투른 ⑤ 둔탁한		① 배척하다 ② 일치하다 ③ 분배하다 ④ 기여하다 ⑤ 공헌하다		① 전문적 기술(지식) ② 외부요인 ③ 내부요인 ④ 선천성 ⑤ 선진기술		① 제외하다 ② 등록하다 ③ 수반하다 ④ 탈퇴하다 ⑤ 수리하다		① 계약하다 ② 개봉하다 ③ 추론하다 ④ 모순되다 ⑤ 출시하다
11	clarify	12	arguable	13	define	14	admiration	15	accumulation
	① 교체하다 ② 복제하다 ③ 복원하다 ④ 분명히 하다 ⑤ 투입하다		① 옹호하는 ② 논쟁해 볼 만한 ③ 불필요한 ④ 효과적인 ⑤ 적용가능한		① 구입하다 ② 전환하다 ③ 절단하다 ④ 정지하다 ⑤ 범위를 한정하다		① 한탄 ② 비난 ③ 감탄 ④ 고뇌 ⑤ 만족		① 축적 ② 분화 ③ 구별 ④ 상승 ⑤ 쇠락

No.	출제 어휘	품사	의미	수능 기출 예문
151	considerable [kənˈsɪdərəbl]	형	상당한, 중요한	ex) In many other domains expertise requires _**considerable**_ training and effort.
	함께 학습하면 좋은 어휘			➤ 다른 많은 분야에서 전문성은 상당한 훈련과 노력을 요구한다.
	consider	동	고려하다, 숙고하다	
	consideration	명	사려, 고려, 숙고	
	considerate	혼	사려 깊은	
	significant	유	주요한, 상당한	

No.	출제 어휘	품사	의미	수능 기출 예문
152	concentrate [kάnsəntrèit]	동	집중하다, 집중시키다	ex) It's clear that we should _**concentrate**_ our own expertise on those domains of choice that are most common and/or important to our lives.
	함께 학습하면 좋은 어휘			➤ 우리가 우리의 삶에 가장 흔하고/흔하거나 중요한 선택의 영역에 우리의 전문성을 집중해야만 하는 것은 분명하다.
	concentration	명	집중	
	concentrative	형	집중적인, 골몰하는	
	concent	혼	조화, 일치	
	focus	유	집중하다	

No.	출제 어휘	품사	의미	수능 기출 예문
153	unsustainable [Λnsəstéinəbl]	형	지속 불가능한	ex) The present rate of human consumption is completely _**unsustainable**_.
	함께 학습하면 좋은 어휘			➤ 현재 인간의 소비율은 완전히 지속 불가능하다.
	sustain	동	지속하다, 유지하다	
	sustainment	명	지탱, 유지	
	sustainable	반	지속 가능한	
	unsuspecting	혼	의심하지 않는	

No.	출제 어휘	품사	의미	수능 기출 예문
154	disposable [dispóuzəbl]	형	사용 후 버리게 되어 있는, 일회용의	ex) Forest, wetlands, wastelands, coastal zones, eco-sensitive zones, they are all seen as _**disposable**_ for accelerating demands of human population.
	함께 학습하면 좋은 어휘			➤ 숲, 습지, 황무지, 해안 지대, 환경 민감 지역 모두 가속화되고 있는 인구 수요를 위해 마음대로 이용할 수 있는 것으로 여겨진다.
	dispose	동	배치하다, 처분하다	
	disposal	명	처리, 처분	
	throwaway	유	일회용의	
	disposition	혼	기질, 성향, 배치	

No.	출제 어휘	품사	의미	수능 기출 예문
155	exclusively [iksklú:sivli]	부	배타적으로, 독점적으로	ex) Prior to file-sharing services, music albums landed _**exclusively**_ in the hands of music critics before their release. ≫ 파일 공유 서비스 이전에, 음악 앨범은 발매 전에 음악 비평가들의 손에 독점적으로 들어갔다.
	함께 학습하면 좋은 어휘			
	exclude	동	배제하다, 제외시키다	
	exclusive	형	배타적인, 독점적인	
	inclusively	반	포함하여, 전부	
	solely	유	오로지, 단지	

No.	출제 어휘	품사	의미	수능 기출 예문
156	accessible [æksésəbl]	형	접근(가까이) 하기 쉬운	ex) Once the Internet made music easily _**accessible**_ and allowed even advanced releases to spread through online social networks. ≫ 인터넷을 통해 음악을 쉽게 접할 수 있게 되고, 미리 공개된 곡들이 온라인 소셜 네트워크를 통해 퍼질 수 있게 되었다.
	함께 학습하면 좋은 어휘			
	access	동	접근하다	
	accessibility	명	접근하기 쉬움	
	nearby	유	가까이의	
	assess	혼	평가하다	

No.	출제 어휘	품사	의미	수능 기출 예문
157	sensory [sénsəri]	형	지각(감각)(상)의	ex) By allowing the fingers to move, you've added time to the _**sensory**_ perception of touch. ≫ 손가락들이 움직이게 함으로써 촉각이라는 감각적 지각에 시간을 더했다.
	함께 학습하면 좋은 어휘			
	sense	명 동	감각, 감지하다	
	sensory system	명	감각 기관	
	sensible	혼	분별 있는	
	sensitive	혼	민감한, 예민한	

No.	출제 어휘	품사	의미	수능 기출 예문
158	sensation [senséiʃən]	명	감각, 지각	ex) Your ability to make complex use of touch, such as buttoning your shirt or unlocking your front door in the dark, depends on continuous time-varying patterns of touch _**sensation**_. ≫ 어둠 속에서 셔츠 단추를 잠그거나 현관문을 여는 것과 같이 촉각을 복잡하게 사용하는 능력은 촉각이라는 감각의, 지속적인, 시간에 따라 달라지는 패턴에 의존한다.
	함께 학습하면 좋은 어휘			
	sensational	형	선풍적인	
	sensationless	형	감각이 없는	
	feeling	유	감각, 느낌	
	impression	유	느낌, 인상, 감명	

No.	출제 어휘	품사	의미	수능 기출 예문
159	share [ʃɛər]	명 동	**몫, 일부분 공유, 점유하다**	ex) In 2012, the online **_share_** of retail sales in the Netherlands was larger than that in France. ❯❯ 2012년에 네덜란드의 소매 판매의 온라인 점유율은 프랑스의 그것보다 더 컸다.
	함께 학습하면 좋은 어휘			
	sharable	형	분배할 수 있는	
	sharing economy	명	공유, 경제	
	divide	유	나누다, 분배하다	
	portion	유	일부, 부분	

No.	출제 어휘	품사	의미	수능 기출 예문
160	uncertainty [ənsərˈtənti]	명	**불확정, 불확실**	ex) Knight is known as the author of the book 'Risk, **_Uncertainty_** and Profit,' a study of the role of the entrepreneur in economic life. ❯❯ Knight는 경제생활에서 기업가의 역할에 관한 연구인 '위험, 불확실과 이윤' 이라는 책의 저자로 알려져 있다.
	함께 학습하면 좋은 어휘			
	uncertain	형	불확실한	
	economic uncertainty	명	경제적 불안	
	ambiguity	유	애매함, 모호	
	certainty	반	확실함, 확실성	

No.	출제 어휘	품사	의미	수능 기출 예문
161	presumably [prizúːməbli]	부	**아마도**	ex) Nobody, **_presumably_**, is more aware of an experiment's potential hazards than the scientist who devised it. ❯❯ 실험을 고안한 과학자보다 그것의 잠재적인 위험을 더 잘 알고 있는 사람은 아마 없을 것이다.
	함께 학습하면 좋은 어휘			
	presume	동	가정하다, 추정하다	
	presumable	형	가정할 수 있는, 있음 직한	
	seemingly	유	겉보기에	
	probably	유	아마도	

No.	출제 어휘	품사	의미	수능 기출 예문
162	drawback [drɔˈbæ̩k]	명	**결점, 약점 환불**	ex) One obvious **_drawback_** is the danger involved; knowing that it exists does nothing to reduce it. ❯❯ 한 가지 명백한 문제점은 (실험에) 수반되는 위험이다. 위험이 존재한다는 것을 안다고 해서 위험이 줄어드는 것은 결코 아니다.
	함께 학습하면 좋은 어휘			
	technical drawback	명	기술적 장애	
	duty drawback	명	과세 환불	
	flaw	유	흠, 단점	
	advantage	반	장점, 이익	

No.	출제 어휘	품사	의미	수능 기출 예문
163	anatomy [ənǽtəmi]	명	**해부학, 해부술**	ex) Human **_anatomy_** and physiology vary, in small but significant ways, according to gender, age, lifestyle, and other factors.
	함께 학습하면 좋은 어휘			❯ 인체의 해부학적 구조와 생리는 성별, 나이, 생활 방식, 그리고 기타 요인에 따라 사소하지만, 중요한 방식으로 각기 다르다.
	anatomic	형	해부의	
	anatomize	동	해부하다, 분석하다	
	structure	유	구조, 구성	
	frame	유	뼈대, 골격	

No.	출제 어휘	품사	의미	수능 기출 예문
164	bias [báiəs]	명	**선입관, 편견**	ex) This kind of error, where results are always on one side of the real value, is called "**_bias_**."
	함께 학습하면 좋은 어휘			❯ 결과치가 항상 실제 값의 한쪽에 있는 이런 종류의 오류를 '편향'이라고 부른다.
	biased	형	편견 있는, 편파적인	
	unbiased	형	편견 없는	
	prejudice	유	편견, 선입견	
	stereotype	유	고정관념	

No.	출제 어휘	품사	의미	수능 기출 예문
165	commodity [kəmάdəti]	명	**일용품, 필수품**	ex) In the classic model of the Sumerian economy, the temple functioned as an administrative authority governing **_commodity_** production, collection, and redistribution.
	함께 학습하면 좋은 어휘			❯ 수메르 경제의 전형적 모델에서 사원은 상품의 생산, 수집, 그리고 재분배를 관장하는 행정 당국으로서 기능했다.
	commodify	동	상품화하다	
	commodification	명	상업화	
	product	유	상품, 생산품	
	necessity	유	필수품, 필요	

다음 주어진 어휘의 알맞은 뜻을 고르시오.

1	accessible	2	presumably	3	anatomy	4	bias	5	commodity
	① 증명할 수 있는 ② 접근하기 쉬운 ③ 관리의 ④ 펴 늘일 수 있는 ⑤ 독점적인		① 처음에는 ② 어렵게 ③ 상하기 쉽게 ④ 확실하게 ⑤ 아마도		① 감각 ② 해부학 ③ 불확실 ④ 몫, 배당 ⑤ 통합		① 편견 ② 감각, 지각 ③ 이론적 설명 ④ 전문적 기술 ⑤ 결점, 약점		① 통합 ② 일부, 몫 ③ 불확실 ④ 읽고 쓰는 능력 ⑤ 일용품

6	concentrate	7	considerable	8	disposable	9	drawback	10	exclusively
	① 분배하다 ② 위반하다 ③ 주의를 집중하다 ④ 통합하다 ⑤ 증명하다		① 경영의 ② 잘 부패하는 ③ 지각의 ④ 중요한 ⑤ 사려깊은		① 관리의 ② 일회용의 ③ 신경의 ④ 사려깊은 ⑤ 상업의		① 결점 ② 이익 ③ 배당 ④ 지각 ⑤ 통합		① 처음에는 ② 아마도 ③ 짓궂게 ④ 통합하여 ⑤ 독점적으로

11	sensory	12	share	13	sensation	14	uncertainty	15	unsustainable
	① 지각의 ② 예민한 ③ 자극적인 ④ 경영의 ⑤ 감지할 수 있는		① 몫 ② 필수품 ③ 흠 ④ 편견 ⑤ 완성		① 선입견 ② 감각 ③ 약점 ④ 해부학 ⑤ 전문 기술		① 애매하지 않음 ② 접근 불가함 ③ 통합할 수 없음 ④ 불확실 ⑤ 증명 가능함		① 접근할 수 없는 ② 잘 부패하지 않는 ③ 연장할 수 없는 ④ 확실하지 않은 ⑤ 유지할 수 없는

12일차

No.	출제 어휘	품사	의미	수능 기출 예문
166	administrative [ædmínəstrèitiv]	형	관리(경영)의, 행정(상)의	ex) The discovery of ***administrative*** tablets suggests that token use and consequently writing evolved as a tool of centralized economic governance.
	함께 학습하면 좋은 어휘			≫ 행정용 (점토)판의 발견은 상징의 사용, 그리고 결과적으로 글자가 중앙 집권화된 경제 지배의 도구로 발달했다는 것을 시사한다.
	administer	동	관리하다, 운영하다	
	administration	명	관리, 행정, 집행	
	executive	유	경영의, 운영의	
	managerial	유	경영의, 관리의	

No.	출제 어휘	품사	의미	수능 기출 예문
167	literacy [lítərəsi]	명	읽고 쓰는 능력	ex) For that matter, it is not clear how widespread ***literacy*** was at its beginnings.
	함께 학습하면 좋은 어휘			≫ 그 문제와 관련하여, 읽고 쓰는 능력이 그것의 초기에 얼마나 널리 퍼져 있었는지 명확하지 않다.
	literate	형	교육받은, 교양있는	
	illiterate	형	문맹의	
	literature	혼	문학, 문헌	
	illiteracy	반	문맹, 무식	

No.	출제 어휘	품사	의미	수능 기출 예문
168	identifiable [aidéntəfàiəbəl]	형	식별(증명)할 수 있는	ex) The use of ***identifiable*** symbols and pictograms is consistent with administrators needing a lexicon that was mutually intelligible by literate and nonliterate parties.
	함께 학습하면 좋은 어휘			≫ 인식 가능한 기호와 그림 문자의 사용은 행정가들이 읽고 쓸 줄 아는 측과 읽고 쓸 수 없는 측이 서로 이해할 수 있는 어휘 목록이 필요했던 것과 일치한다.
	identify	동	확인하다, 알아보다	
	identification	명	신원 확인, 식별	
	perceptible	유	인식할 수 있는	
	unidentifiable	반	정체를 알 수 없는	

No.	출제 어휘	품사	의미	수능 기출 예문
169	rationale [ræʃənǽl]	명	이론적 설명(근거)	ex) Choosing similar friends can have a ***rationale***.
	함께 학습하면 좋은 어휘			≫ 비슷한 친구를 선택하는 것은 논리적 근거를 가질 수 있다.
	rational	형	합리적인, 이성적인	
	rationalize	동	합리화하다	
	logic	유	논리, 논리학	
	reason	유	이유, 근거	

No.	출제 어휘	품사	의미	수능 기출 예문
170	survivability [sərvàivəbíləti]	명	생존 가능성	ex) Assessing the ***survivability*** of an environment can be risky. ❯❯ 어떤 환경에서의 생존 가능성을 평가하는 것은 위험할 수 있다.
	함께 학습하면 좋은 어휘			
	survive	동	생존하다, 오래 살다	
	survival	명	생존	
	revival	혼	재기, 부활	
	mortality	반	사망, 사망률	

No.	출제 어휘	품사	의미	수능 기출 예문
171	neural [njúərəl]	형	신경(계)의	ex) Even though all of our brains contain the same basic structures, our ***neural*** networks are as unique as our fingerprints. ❯❯ 우리들의 뇌 모두는 같은 기본 구조를 가지고 있음에도 불구하고, 우리의 신경망은 우리의 지문만큼이나 독특하다.
	함께 학습하면 좋은 어휘			
	neuron	명	신경, 뉴런	
	neurology	명	신경학	
	neutral	혼	중립적인	
	natural	혼	자연스러운	

No.	출제 어휘	품사	의미	수능 기출 예문
172	commercial [kəmə́ːrʃəl]	형 명	상업적인 광고(방송)	ex) Since humor can easily capture people's attention, ***commercials*** tend to contain humorous elements, such as funny faces and gestures. ❯❯ 유머는 사람들의 관심을 쉽게 사로잡을 수 있기 때문에, 광고 방송은 웃긴 얼굴과 몸짓 같은, 유머러스한 요소들을 포함하는 경향이 있다.
	함께 학습하면 좋은 어휘			
	commerce	명	무역, 상업	
	commercialize	동	상업화하다	
	trading	유	상업에 종사하는	
	commensal	혼	공생하는	

No.	출제 어휘	품사	의미	수능 기출 예문
173	impulse [ímpʌls]	명	추진(력), 충격, 자극	ex) Using this knowledge or skill results in structural changes to allow similar future ***impulses*** to travel more quickly and efficiently than others. ❯❯ 이러한 지식이나 기술을 사용하는 것은 앞으로 유사한 자극이 다른 것들보다 더 빠르고 효율적으로 이동할 수 있게 하는 구조적 변화를 가져온다.
	함께 학습하면 좋은 어휘			
	impulsive	형	충동적인	
	unconscious impulse	명	무의식적 충동	
	stimulation	유	자극	
	incentive	유	자극	

No.	출제 어휘	품사	의미	수능 기출 예문
174	strengthen [stréŋkθən]	동	강하게 하다, 강화하다	ex) High-activity synaptic connections are stabilized and ***strengthened***, while connections with relatively low use are weakened and eventually pruned.
	함께 학습하면 좋은 어휘			≫ 고활동성 시냅스 연결이 안정화되고 강화되는 반면에, 상대적으로 적게 사용되는 연결은 약해져서 결국에는 잘린다.
	strength	명	힘, 기운	
	strong	형	튼튼한, 강한	
	reinforce	유	강화하다	
	weaken	반	약화시키다	

No.	출제 어휘	품사	의미	수능 기출 예문
175	integration [ìntəgréiʃən]	명	통합, 완성, 집성	ex) Successful ***integration*** of an educational technology is marked by that technology being regarded by users as an unobtrusive facilitator of learning, instruction, or performance.
	함께 학습하면 좋은 어휘			≫ 교육 기술의 성공적인 통합은 그 기술이 사용자에 의해 학습이나 교육, 또는 수행의 눈에 띄지 않는 촉진자로 여겨지는 것으로 나타난다.
	integrate	동	통합하다	
	integrative	형	통합하는	
	integrity	혼	진실성, 온전함	
	segregation	반	분리, 차별	

No.	출제 어휘	품사	의미	수능 기출 예문
176	variation [vɛəriéiʃnə]	명	변화, 변동	
	함께 학습하면 좋은 어휘			ex) There are other ***variations*** as well.
	vary	동	다르다, 달라지다	≫ 다른 변형된 방법들도 있다.
	variety	명	다양성, 품종	
	alteration	유	변화	
	transition	유	변화	

No.	출제 어휘	품사	의미	수능 기출 예문
177	fascination [fæsənéiʃən]	명	매혹, 황홀케 함	ex) New and emerging technologies often introduce both ***fascination*** and frustration with users.
	함께 학습하면 좋은 어휘			≫ 새롭고 떠오르는 기술은 흔히 사용자들에게 매력과 좌절감을 동시에 경험하게 한다.
	fascinate	동	매혹하다	
	fascinating	형	매력적인	
	attraction	유	매력, 유인	
	fashionable	혼	유행하는	

No.	출제 어휘	품사	의미	수능 기출 예문
178.	initially [iníʃəli]	부	**처음에**	ex) Workers are united by laughing at shared events, even ones that may ***initially*** spark anger or conflict. ❯❯ 직원들은 공유된 사건, 심지어 처음에는 분노나 갈등을 불러일으킬 수 있는 사건에 대해서도 웃음으로써 단합된다.
	함께 학습하면 좋은 어휘			
	initial	형	처음의, 초기의	
	initiate	동	시작하다	
	primarily	유	원래, 처음으로	
	originally	유	처음에, 원래	

No.	출제 어휘	품사	의미	수능 기출 예문
179	contribute [kəntríbjuːt]	동	**기부하다, 공헌하다**	ex) Finally, the market for energy efficiency could ***contribute*** to the economy through job and firms creation. ❯❯ 결국, 에너지 효율 시장은 일자리와 기업 창출을 통해 경제에 이바지할 수 있는 것이다.
	함께 학습하면 좋은 어휘			
	contribution	명	기부금, 성금	
	contributable	형	공헌할 수 있는	
	donate	유	기부(기증)하다	
	attribute	혼	~의 결과로 보다	

No.	출제 어휘	품사	의미	수능 기출 예문
180	reinforce [rìːinfɔ́ːrs]	동	**보강하다, 강화하다**	ex) Repeatedly recounting humorous incidents ***reinforces*** unity based on key organizational values. ❯❯ 유머러스한 사건들을 되풀이해서 자세히 이야기하면 조직의 핵심 가치에 근거를 둔 단합이 강화된다.
	함께 학습하면 좋은 어휘			
	reinforcement	명	강화, 보강	
	reinforcing	명	보강	
	toughen	유	강화하다	
	supplement	유	보강하다	

●● 다음 주어진 어휘의 알맞은 뜻을 고르시오.

1	neural	2	identifiable	3	impulse	4	integration	5	literacy
	① 감각의 ② 상당한 ③ 신경의 ④ 불안한 ⑤ 짓궂은		① 늘일 수 있는 ② 신원을 확인할 수 있는 ③ 접근하기 쉬운 ④ 잘 부패하는 ⑤ 주요한		① 통합 ② 전문적 기술 ③ 해부학 ④ 추진력 ⑤ 결점		① 통합 ② 감각, 지각 ③ 이론적 설명 ④ 전문적 기술 ⑤ 결점, 약점		① 전문적 기술 ② 문학 ③ 일용품 ④ 감각 ⑤ 읽고 쓰는 능력

6	commercial	7	survivability	8	strengthen	9	rationale	10	administrative
	① 접근하기 쉬운 ② 상업의 ③ 증명할 수 있는 ④ 잘 부패하는 ⑤ 집중하는		① 추진력 ② 전문 기술 ③ 생존 가능성 ④ 일용품 ⑤ 결점		① 증명하다 ② 제정하다 ③ 강하게 하다 ④ 식별하다 ⑤ 통합하다		① 이론적 설명 ② 불확실 ③ 관리 ④ 추진력 ⑤ 관리, 경영		① 중요한 ② 감각의 ③ 관리(경영)의 ④ 지속할 수 없는 ⑤ 몰두하는

11	contribute	12	fascination	13	initially	14	reinforce	15	variation
	① 관계가 있다 ② 함축하다 ③ 운영하다 ④ 기부하다 ⑤ 경쟁하다		① 제정 ② 억양 ③ 변화 ④ 외부성 ⑤ 매혹		① 아마도 ② 짓궂게 ③ 모질게 ④ 처음에 ⑤ 마지막에		① 계산하다 ② 방해하다 ③ 제정하다 ④ 보강하다 ⑤ 분배하다		① 위압 ② 관계 ③ 영감 ④ 운행 ⑤ 변화

어법편

동사관련 비법

1. 대동사 (do VS be)

do(does / did)

Do you like onions?

Yes, I <u>do</u>.
(="I like onions.")

*앞에 이미 언급한 일반동사를 대신해서 쓸 때
ex) I like jazz and she does(=likes jazz) as well.

be(is/are/was/were), 조동사

Is she lovely?

Yes, she <u>is</u>.
(="she is lovely")

*앞에 이미 언급한 be동사나 조동사를 대신해서 쓸 때
ex) I can ride a bicycle but he can not.
(=cannot ride a bicycle).

적용1 ▶ To us this elephant may look a little awkward, but it does show that medieval artists, at least in the thirteenth century, were very well aware of such things as proportions, and that, if they ignored them so often, they [were / did] so not out of ignorance but because they did not think they mattered.

적용2 ▶ Words often do not mean exactly the same thing to the reader that they [are / do] to the writer.

적용3 ▶ He was more conservative than his parents [did / were].

해석1 ▶ 우리에게 이 코끼리는 조금 이상해 보일 수도 있지만, 적어도 13세기의 중세 화가들은 비율과 같은 것들을 아주 잘 알고 있었고, 만약 그들이 비율을 너무나 자주 무시했다면, 그들은 비율을 몰라서가 아니라 비율이 중요하지 않다고 생각했기 때문에 그랬다는 것(무시했다는 것)을 그것 (이 코끼리)이 분명히 보여주는 것이다.

해석2 ▶ 단어가 작가에게 의미하는 것과 똑같은 것을 독자에게 의미하지는 않는다.

해석3 ▶ 그는 그의 부모보다 더 보수적이었다.

정답 ▶ did / do / were

2. 동사 (동사 VS 준동사)

본동사 VS 준동사

하나의 절에는 반드시 한 개의 동사가 존재하며, 접속사 하나로 두 개의 절이 이어져 있으면 동사는 두 개가 나와야 함. 그 외의 동사는 모두 준동사(동명사, 부정사, 분사 등)임.

동사 / 준동사 구별법

① 주어와 동사를 찾아라.
② 접속사를 찾아라.
③ 숨어있는 접속사를 찾아라.

적용1 Also, [make / making] sure to bring chocolate to room temperature before eating, as frozen bits of chocolate always strike me as rather hard and tasteless.

적용2 Blood rushed into your nose, [made / making] it red.

적용3 Slowing down with food [makes / making] us feel less worried and fearful.

해석1 또한, 초콜릿을 먹기 전에 초콜릿을 실온상태에 반드시 두도록 해라, 왜냐하면 얼어있는 초콜릿 조각은 항상 꽤나 딱딱하고 맛없는 것 같은 느낌을 주기 때문이다.

해석2 피가 재빨리 코에 몰려들어 코를 빨갛게 만든다.

해석3 음식 천천히 먹기는 우리의 걱정과 두려움을 줄여 준다.

정답 make / making / makes

3. 5형식 동사의 목적격보어의 형태

동사			목적어	목적격보어	
사역동사	종류	let		동사원형	(능동)
	해석	시키다, ~하게 하다		be p.p	(수동)
	종류	make		동사원형	(능동)
	해석	시키다, ~하게 하다		p.p	(수동)
	종류	have		동사원형	(능동)
	해석	시키다, ~하게 하다		p.p	(수동)
준사역동사	종류	get	O	to R / v-ing	(능동)
	해석	~하게 하다		p.p	(수동)
	종류	help		(to) R /동사원형	(능동)
	해석	~하게 돕다			(수동)
지각동사	종류	see, watch, notice, observe, hear, overhear, feel		동사원형 / v-ing	(능동)
	해석	~하는 것을 '지각'하다		p.p	(수동)
to부정사를 목적격보어로 취하는 동사	종류	allow, ask, cause, enable, encourage, persuade, require, force, want		to R	(능동)
	해석	'목적어'에게 '목적격보어' 하도록 ~하다			

> 5형식에서 목적격보어의 형태는 목적어와의 관계가 능동인지 수동인지를 파악하여 결정함

적용1 ▶ Driving home with my family one day, I noticed smoke [rise / to rise] from the roof of an apartment building.

적용2 ▶ That is why movie stars prefer to have this side of their face [photographed / photographing].

적용3 ▶ Researchers asked children between four and seven years old [making / to make] several drawings of adults.

해석1 ▶ 어느 날 식구들과 차를 타고 집으로 오면서 나는 한 아파트의 지붕에서 연기가 올라오고 있는 것을 알아차렸다.

해석2 ▶ 그게 바로 영화배우들이 얼굴의 이쪽 면이 사진 찍히길 선호하는 이유입니다.

해석3 ▶ 연구자들은 네 살과 일곱 살 사이의 아이들에게 어른들 그림을 몇 점 그려보라고 요구했다.

정답 ▶ rise / photographed / to make

2일차
분사관련 비법

2일차 학습 날짜 : _____년 ___월 ___월

학습 시간 ___:___~___:

4. 분사의 형태와 기능

분사의 형태

현재분사: 분사의 수식을 받는 명사와 분사의 관계가 능동의 관계이면 ~ing 형태의 현재분사를 사용한다. 즉, 수식받는 명사가 분사의 의미상 주어이면 현재분사를 쓴다.
-The movie is exciting. (The movie는 의미상 exciting의 주어이며 능동의 관계)
-There is a teacher giving us a lesson. (a teacher은 giving의 의미상 주어이며 능동의 관계)

과거분사: 분사의 수식을 받는 명사와 분사의 관계가 수동의 관계이면 ~ed 형태의 과거분사를 사용한다. 즉, 수식받는 명사가 분사의 의미상 목적어이면 과거분사를 쓴다.
-The game made us excited.(us는 excited의 의미상 목적어이며 수동의 관계)
-My grandfather gives me boiled eggs. (eggs는 boiled의 의미상의 목적어이며 수동의 관계)

분사의 기능

1. 한정적 기능 : 명사 수식
-rarely baked bread / that interesting book
2. 서술적 기능 : 보어 역할
-She was excited at the thought of going back home.

적용1 A suitable insurance policy should provide coverage for medical expenses [arising / arisen] from illness or accident.

적용2 The phrase, 'jack-of-all-trades' is a [shortening / shortened] version of 'jack of all trades and master of none.'

적용3 When the door was opened, I said "Merry Christmas!" and handed some [astonishing / astonished] child a beautifully [wrapping / wrapped] gift.

해석1 적절한 보험 정책은 반드시 질병이나 사고로부터 발생하는 의료비를 지원해주어야 한다.

해석2 '만물박사(팔방미인)'이라는 말은 '무엇이든지 다 할 수 있는 사람은 뛰어난 재주가 없다.'는 말의 줄인 표현이다.

해석3 문이 열렸을 때, 나는 "메리 크리스마스"라고 말했고 놀란 아이에게 아름답게 포장이 된 선물을 주었다.

정답 arising / shortened / astonished, wrapped

5. 분사구문의 시제 및 부정

분사구문의 시제 및 부정

분사구문의 시제는

≫ 종속절과 주절의 동사가 같은 시제일 때에는 'v-ing (능동) / (being) p.p (수동)'으로, 종속절의 시제가 주절보다 더 과거일 때 'having p.p (능동) / (having been) p.p (수동)' 으로 표현함.

분사구문의 부정은 분사구문 앞에 not이나 never를 사용.

	주절과 종속절의 동사 시제가 같을 때		주절과 종속절의 동사 시제가 다를 때	
	종속절	주절	종속절	주절
	과거	과거	대과거	과거
시제	현재	현재	대과거 또는 과거	현재
	≫		≫	
형태	(Being)p.p/ v-ing	, S+V	(Having been) p.p Having p.p	, S+V

적용1 ▶ As he has been rich, he is envied by us. [현재완료-현재]
→ [Having been / Having] rich, he arouses envy among us.

적용2 ▶ Because I did not write down the article clearly, I just got the grade C. [대과거-과거]
→ [Not having writing / Not writing] down the article clearly, I just got the grade C.

해석1 ▶ 그는 이전부터 계속 부자였기에, 우리 사이에서 부러움을 산다.

해석2 ▶ 그 기사를 명확하게 쓰지 않았기에 난 그저 C학점을 받을 수밖에 없었다.

정답 ▶ Having been / Not writing

6. v-ing / p.p 판별법

1. 분사구문에서 v-ing / p.p 판별법

<table>
<tr><td colspan="2" align="center">분사구문에서 v-ing / p.p 판별법</td></tr>
<tr><td colspan="2">분사구문은 접속사로 연결된 두개의 절을 분사를 사용하여 구와 하나의 절로 바꾸기 위한 구조!</td></tr>
<tr><td align="center">v-ing</td><td align="center">p.p</td></tr>
<tr>
<td>(1) 의미상의 주어(=주절의 주어)와 분사와의 관계가 능동이면 v-ing

(2) 만약 분사가 타동사여서 뒤에 목적어가 나올 때 또는 분사가 자동사일 때에는 무조건 v-ing

(3) 분사의 의미상 주어가 분사의 목적어로 해석이 되지 않고 분사의 주어로 해석이 된다면 v-ing</td>
<td>(1) 의미상의 주어(=주절의 주어)와 분사와의 관계가 수동이면 p.p

(2) 만약 분사가 타동사인데 뒤에 목적어가 없으면 p.p

(3) 분사의 의미상 주어가 분사의 목적어로 해석이 되면 p.p</td>
</tr>
</table>

적용1 ▶ [Writing / Written] the books in haste, Jason made many mistakes.

적용2 ▶ All these things [considering / considered], it might be better to ask for the services of a moving company.

해석1 ▶ 책을 급하게 쓰느라, Jason은 많은 실수를 했다.

해석2 ▶ 이러한 모든 것들을 고려할 때, 이삿짐 회사의 서비스를 요청하는 것이 더 나을 것 같다.

정답 ▶ Writing / considered

2. with + 목적어 + 목적격보어 [v-ing / p.p]

With + 목적어 + 목적격보어 [v-ing / p.p]	
현재분사 : 능동	과거분사 : 수동
He locked the door <u>with</u> his dog <u>barking</u>. 　　　　　　　　　　　목적어　목적격보어	He was lying <u>with</u> his eyes <u>closed</u>. 　　　　　　　　목적어　목적격보어

- 목적어는 목적격보어의 의미상 주어임.
- 목적격보어 자리에 p.p/v-ing 구별할 때에는 목적어와의 관계가 능동인지, 수동인지의 여부로 파악.
- 해석 : 이유, 결과, 동시적인 상황, 연속적인 상황
  ※ 동사가 자동사이면 무조건 v-ing

  ex) He ran to his father with his eyes <u>twinkling</u> with amusement.

적용1 ▶ A car drove fast with smoke [spreading / spread] out of the back.

적용2 ▶ She sat on the bench with her eyes [fixing / fixed] on the child.

해석1 ▶ 한 자동차가 뒤에서 연기를 내뿜으며 빠르게 지나갔다.

해석2 ▶ 그녀는 그 아이에게 눈을 고정시킨 채로 벤치에 앉아 있었다.

정답 ▶ spreading / fixed

3. 감정을 나타내는 동사에서 v-ing / p.p 판별

감정을 나타내는 동사의 분사 선택	
v-ing : 의미상 주어(주체)가 상대방이나 청자에게 어떤 감정이나 느낌을 **주는** 경우에 사용. 원인이 되는 "~하게 하다"의 의미!	**p.p** : 의미상 주어(주체)가 상대방이나 청자로부터 어떤 감정이나 느낌을 **받는** 경우에 사용. 결과가 되는 "~하게 되다"의 의미

적용1 ▶ The villagers found me [puzzled / puzzling] by their responses.

해석1 ▶ 그 마을 사람들은 내가 그들의 반응에 어리둥절해 하는 것을 알아챘다.

정답 ▶ puzzled

3일차

관계사 관련 비법

7. 관계대명사의 형태

관계대명사의 형태	
주격 관계대명사 + 동사	She is **the girl**. **She** likes me. She is **the girl who** likes me. 　　　　　　　주격 관계대명사+동사
목적격 관계대명사 + 주어 + 동사	She is **the gir**. I like **her**. She is **the girl whom** I likes. 　　　　　목적격 관계대명사+주어+동사
소유격 관계대명사 + 명사 + (주어) + 동사	She is **the girl**. **Her** love never ends. She is **the girl whose** love never ends. 　　　　　소유격 관계대명사+명사
전치사 + 관계대명사 + 주어 + 동사	I remember **the place**. I met her in **the place**. I remember **the place in which** I met her. 　　　전치사+관계대명사+주어+동사

주의! 관계대명사 삽입절(관계대명사 + S + 생각동사 류)은 문장구조에 영향을 주지 않으며, 문제를 풀 때는 삽입절을 제거하고 푸세요.

삽입절 : I/we/they + think/believe/suppose/imagine/guess/be certain

ex) I recently saw a news interview with an acquaintance [who / whom] I believed was going to lie about a few particularly sensitive issues, and lie she did. 나는 최근에 몇몇 특히 민감한 이슈들에 대해 거짓말을 할 것이 확실한 지인의 뉴스 인터뷰를 보았는데 그녀는 정말 거짓말을 했다.

적용1 ▶ A white person [who / whom] lives primarily among other whites will have more difficulty recognizing Asian faces, and vice versa.

적용2 ▶ Many of the letters come from people [who / whose] work lives have been so busy.

적용3 ▶ The skillful mechanic has been replaced by a teenager in a uniform [who / which] doesn't know anything about cars and couldn't care less.

해석1 ▶ 다른 백인들 사이에서 주로 살고 있는 백인이 아시아인의 얼굴을 알아보는데 보다 어려움을 겪을 것이고 그 반대도 마찬가지일 것이다.

해석2 ▶ 그 편지 중 많은 편지가 노동의 삶으로 너무나 바쁜 사람들로부터 온 것이다.

해석2 ▶ 숙련된 정비공은 유니폼은 입고 있지만 자동차에 대해 전혀 모르고 관심도 없는 십대로 대체되었다.

정답 ▶ who / who / whose / who

8. that VS what

that	what
관계대명사 that	**관계대명사 what**
선행사(O) + 관계대명사 + 불완전한 문장 that	선행사(X) + 관계대명사 + 불완전한 문장 what
I Know **the girl, She** plays tennis. I Know **the girl that** plays tennis. 선행사　관계대명사+동사+목적어 (주어)가 없어 불완전	I Know **the thing,** You want **the thing**. I Know **the thing that** you want. I Know 선행사 **what** you want. what은 '하는 것'의 의미 the thing that(which)과 같은 표현임. 즉, 선행사 "the thing"은 "what" 속에 포함되어 있음.
명사절 that	**의문사 what**
선행사(X) + 접속사that + 완전한 문장	선행사(X) + 의문사 what + 불완전한 문장
I Know. She plays tennis. I Know **that** she plays tennis. 선행사접속사 + 완전한 문장	I wonder. What did he say? I wonder **what** he said. 선행사 + 의문사 + 주어 + 동사
동격의 that	
명사 + 동격 that + 완전한 문장	
I don't believe the rumor that she has a boyfriend. 명사 + **that** +완전한 문장 (동격)	

적용1 ▶ This book is filled with stories to make the point [that / which] people would be more creative if they were not so inflexible in their thinking.

적용2 ▶ When we sing or talk to plants, we exhale carbon dioxide, [which / what] plants need to survive and thrive.

해석1 ▶ 이 책은 사고에 있어서 매우 고정되어있지 않다면 사람들은 보다 창의적일 것이라고 주장하는 이야기들로 채워져 있다.

해석2 ▶ 우리가 식물에게 노래를 하거나 말을 걸 때 이산화탄소를 내뱉는데 식물은 생존하고 자라나기 위해 이것을 필요로 한다.

정답 ▶   that / which

9. 관계대명사 VS 관계부사

관계대명사	관계부사
I remember **Cindy**. I met **her** at bus stop. I remember **Cindy**. I met **her** at bus stop. 관계대명사 + 불완전한 문장 I remember **Cindy whom** I met at bus stop. 관계대명사 + 불완전한 문장	I live in Seoul <u>where</u> he lives. = I live in Seoul <u>in which</u> he lives. = I live in Seoul <u>which</u> he lives <u>in</u>.
관계대명사 + 불완전한 문장	**관계부사(전치사 + 관계대명사) + 완전한 문장**
• 종속절 안에 있어야 하는 명사(구) - 주어, 목적어, 보어 등 - 가 문두로 나가서 관계대명사로 대체됨. • 관계대명사 뒤에 오는 절은 선행사와 일치하는 어구가 관계대명사로 대체되었으므로 불완전한 문장이 이어짐.	• 문장의 필수 요소(주어, 서술어(동사), 목적어, 보어 등)가 모두 갖춰져 있음.

적용1 He handed her an envelope [which / in which] was tucked a fifty-dollar bill.

적용2 To be a successful language learners, they should be able to identify situations [which / in which] the rules of the cultures are different.

적용3 Therefore, the council decided to carry out the plan for the entire surrounding villages because the system could work in villages [which / where] residents don't need streetlights burning all night.

해석1 달러가 쑤셔 넣어져 있는 봉투를 그녀에게 주었다.-a fifty dollar bill was tucked in an envelope 에서 도치 (변형된 형태 : 도치된 경우 주의할 것)

해석2 성공적인 언어 학습자가 되기 위해서 학습자는 문화의 규범이 다른 상황들을 식별 할 수 있어야 한다.

해석3 그러므로 그 제도가 주민들이 밤새도록 불을 켜둘 필요가 없는 마을에서 효과적일 수 있으므로 의회는 인근의 전 마을에 그 계획을 추진하기로 결정하였다.

정답 in which / in which / where

접속사 관련 비법

10. 전치사 VS 접속사

전치사		접속사		
형태 : 전치사 + 명사(구)		형태 : 접속사 + S + V / 접속사 + (S + be) + ing/p.p ex) It is a good idea to help others while (you are) doing something you love.		
이유(~때문에)	because of due to owing to on account of	이유(~때문에)	because since now that as	
양보 (~에도 불구하고)	in spite of despite	양보 (~에도 불구하고)	even if even though though although	
조건	in case of(~인 경우에)	조건	~이라면	if in case (that) providing (that) provided (that)
			~이 아니라면	unless
기간 (~동안 / ~중에)	for + 수 개념 during + 기간	기간 (~동안 / ~중에)	while	

※ 접속사와 전치사의 역할을 둘 다 하는 것들 : before, after, as, since, until 등

적용1 ▶ The researchers found that [during / while] the dry season some elephants ventured out of Samburu to eat tasty crops at a farm.

적용2 ▶ [During / While] festivals held in winter, people often celebrate by lighting candles and brightening their houses with colorful decorations.

해석1 ▶ 연구자들은 건기 중 농장의 맛있는 농작물을 먹기 위해 일부 코끼리들이 Samburu를 벗어나는 것을 감행함을 알게 되었다.

해석2 ▶ 축제가 겨울에 열리는 동안 사람들은 종종 촛불을 밝히고 화려한 장식물로 집을 환하게 함으로써 기념한다.

정답 ▶ during / While

11. that의 모든 것

<table>
<tr><td colspan="3" align="center">that의 모든 것</td></tr>
<tr><td rowspan="3">① so(such) A that B</td><td>뜻</td><td>너무 A해서 B하다</td></tr>
<tr><td rowspan="2">예문</td><td>There are so many people in the hall that it's hard for me to find him.</td></tr>
<tr><td>We have such a beautiful weather today that we should go out for an outing.</td></tr>
<tr><td rowspan="3">② so that A</td><td>뜻</td><td>ⅰ) A하기 위하여 : so (that) S can/may/will V
ⅱ) 그래서 A하다 : ,(콤마) so (that) A</td></tr>
<tr><td rowspan="2">예문</td><td>He decided to change his job so that he could spend more time with his children.</td></tr>
<tr><td>It twists his neck over, so that its head is right over its legs.</td></tr>
<tr><td rowspan="2">③ 선행사 + 관계대명사 that
+ 불완전</td><td>뜻</td><td>관계대명사 that 참조 p.132확인</td></tr>
<tr><td>예문</td><td>He was the first man that I met.</td></tr>
<tr><td rowspan="2">④ 명사 + 동격 that + 완전</td><td>뜻</td><td>명사 = that절 (동격의 that의 선행사는 주로 추상명사를 쓴다)</td></tr>
<tr><td>예문</td><td>The rumor that she dated a famous actor is true.</td></tr>
<tr><td rowspan="2">⑤ in that + 완전</td><td>뜻</td><td>~라는 점에서</td></tr>
<tr><td>예문</td><td>I'm lucky in that I was born healthy.</td></tr>
<tr><td rowspan="2">⑥ It is ~ that(who, which)</td><td>뜻</td><td>ⅰ) 강조구문 : It is ~ that을 빼면 완전한 문장 가능. 강조하는 명사에 따라 that은 who(사람), which(사물), where(장소), when(시간) 등으로 바꿔 쓸 수 있음.
ⅱ) 진주어/가주어 : that 이하는 완전한 문장</td></tr>
<tr><td>예문</td><td>It was in front of the building that Mary met John.</td></tr>
<tr><td rowspan="4">⑦ 접속사 that
+ 완전 (명사절)</td><td>뜻</td><td>that절이 문장 안에서 ⅰ) 주어 ⅱ) 목적어 ⅲ) 보어 역할을 함.</td></tr>
<tr><td rowspan="3">예문</td><td>That he loved the girl is true. - 주어</td></tr>
<tr><td>I know that he loved the girl. - 목적어</td></tr>
<tr><td>The important thing is that he loved the girl. - 보어</td></tr>
<tr><td rowspan="2">⑧ 부사 that</td><td>뜻</td><td>부사 : (형용사 앞에 쓰여)그렇게</td></tr>
<tr><td>예문</td><td>She runs that fast.</td></tr>
<tr><td rowspan="2">⑨ 대명사 that of + 명사</td><td>뜻</td><td>단수명사 지칭 (cf) those of → (복수명사 지칭)</td></tr>
<tr><td>예문</td><td>Another part of life affected by surpluses was that of trade and markets.</td></tr>
<tr><td rowspan="2">⑩ 관계부사 that</td><td>뜻</td><td>선행사 + that + 완전한 문장</td></tr>
<tr><td>예문</td><td>The last time that I saw her, he looked fine.</td></tr>
</table>

적용1 ▶ Ice hockey is unusual among the major sports in [such / that] teams frequently play with different numbers of players.

적용2 ▶ The characteristic "S" curve occurs as the snake alternately tightens muscles on one side of the body and relaxes [that / those] on the opposite side.

적용3 ▶ It was not until the Chrysler Building was completed in New York city in 1930 [that / what] there was a taller structure in the world than the Eiffel Tower.

해석1 ▶ 아이스하키는 팀들이 자주 서로 다른 수의 선수들로 경기한다는 점에서 주요 스포츠들 중에서 독특하다.

해석2 ▶ 특징적인 S자 곡선은 뱀이 교대로 몸 한쪽의 근육을 긴장시키고 다른 쪽은 완화시킬 때 일어난다.

해석3 ▶ 1930년 뉴욕시에서 Chrysler 빌딩이 완성되고 나서야 에펠탑보다 세계에서 더 큰 구조물이 생겨났다. (it ~ that 강조구문)

정답 ▶ that / those / that

12. that(접속사) VS if VS whether

that	if	whether
• '~라는 것'으로 해석, 완전한 문장이 이어짐.	• '~인지 아닌지'로 해석, 완전한 문장이 이어짐.	• '~인지'로 해석, 완전한 문장이 이어짐.
• 사실을 나타내는 절에는 that을 사용하고, 의문시되는 내용에는 that 절을 사용하지 않음.	• if는 타동사의 목적절로만 쓰임.	• whether절은 주어, 보어, 목적어, 동격, 전치사의 목적절로 모두 가능.
ex1) I know that he is honest. (나는 그가 정직하다는 것을 안다.)	① 주어 : If he will consent or not is very doubtful. (×)	① 주어 : Whether he will consent or not is very doubtful. (○)
ex2) I don't know if she is a good woman. (나는 그녀가 좋은 여자인지 모르겠다.)	cf) It's not clear to me if [whether] she likes the present. (○)	② 보어 : The problem was whether we should call an ambulance at once. (○)
ex3) She asked if I could help her. (그녀는 내가 그녀를 도울 수 있는지 물었다.)	② 보어 : The problem was if we should call an ambulance at once. (×)	③ 목적어 : I am not sure whether he will come or not. (○)
• 주장/요구/명령/제안동사와 함께 사용 가능.	③ 목적어 : I am not sure if he will come or not. (○)	④ 동격 : We can't be sure of the possibility whether he will quit his job. (○)
ex4) She asked that the desk (should) be removed.	④ 동격 : We can't be sure of the possibility if he will quit his job. (×)	⑤ 전치사의 목적어 : It depends on whether they will appear. (○)
	⑤ 전치사의 목적어 : It depends on if they will appear. (×)	⑥ to 부정사 앞 : I don't know whether to see my doctor today. (○)
	⑥ to 부정사 앞 : I don't know if to see my doctor today. (×)	• whether절은 whether S+V (or not), whether (or not) S+V, whether to V (or not), whether A or B 등으로 자유로운 변형이 가능.
	• if 바로 뒤에는 or not이 올 수 없음. if … or not은 가능.	
	ex1) I don't know if or not she is married. (×)	

적용1 ▶ [If / Whether] you will do it or not is the contract.

적용2 ▶ The law about this considers such questions as [if / whether] this exists, what the meaning of this is, whether this has been broken, and what compensation is due to the injured party.

해석1 ▶ 당신이 그것을 할지 안할지가 그 계약의 내용이다.

해석2 ▶ 이것에 관한 법은 이것이 성립하는지, 이것의 의미가 무엇인지, 이것이 위반되었는지, 그리고 손해를 입은 당사자에게 무슨 배상이 치러져야 하는지와 같은 문제들을 다룬다.

정답 ▶ Whether / whether

형용사 VS 부사 관련비법

13. 형용사 VS 부사

형용사 역할	부사 역할
• **명사 수식** : a living animal (O) ex) an alive animal (X) The animal is alive. (O)	• 동사, 형용사, 동명사, 다른 부사, 문장 전체 수식
• 보어(주격보어, 목적격 보어)로 쓰임	• 보어 자리에는 부사 불가

적용1 ▶ This sounds [obvious / obviously], but countless efforts at habit change ignore its implications.

적용2 ▶ As a source of plot, character, and dialogue, the novel seemed more [suitable / suitably].

적용3 ▶ He proposed our [immediate / immediately] drinking a bottle together.

해석1 ▶ 이것은 분명한 것처럼 들리지만, 습관을 바꾸려는 수많은 시도들이 이것이 의미하는 바를 무시하고 있다.

해석2 ▶ 줄거리, 등장인물, 대화의 공급원으로서 소설이 더 적합해 보였다.

해석3 ▶ 그는 우리에게 바로 한 병 마실 것을 제안했다.

정답 ▶ obvious / suitable / immediately

14. 형태가 같은 형용사 부사

단어	형용사	부사	단어	부사
hard	어려운	열심히	hardly	거의~않는
deep	깊은	깊이	deeply	매우
free	자유로운	무료로	freely	자유롭게
near	가까운	가까이	nearly	거의
high	높은	높이	highly	높이, 매우
late	늦은	늦게	lately	최근에

1) He works hard. / He hardly works all day.
2) He came late. / I have heard the news lately.
3) Come near and check it out. / I was nearly lost in the mountain.

적용1 ▶ I asked the audience, "How many of you feel nervous when you give a speech?" [Near / Nearly] every hand went up.

적용2 ▶ Entry to the museum is [free/freely].

적용3 ▶ His teachers think very [high/highly] of him.

해석1 ▶ 나는 청중들에게 "여러분이 발표할 때 몇 분이나 긴장하시나요?" 라고 물었다. 거의 모두가 손을 들었다.

해석2 ▶ 그 박물관은 입장료가 무료이다.

해석3 ▶ 그의 선생님들은 그를 대단히 높이 평가한다.

정답 ▶ Nearly / free / highly

15. as [형용사 / 부사] as

as [형용사 / 부사] as	
• **불완전자동사 + as 형용사 as** ≫ 불완전자동사(be / stay / become / remain)의 보어의 역할로써 형용사가 쓰여짐.	**불완전자동사 + as 형용사 as** Sarah was as **careful** as possible in the rain. 형용사(보어)
• **명사 + as 형용사 as** ≫ as~as를 생략한 후, 형용사가 명사를 수식하는 형태	**명사 + as 형용사 as** I can't find any girls as **careful** as Sarah in the rain. 형용사(명사 girls 수식)
• **동사 + as 부사 as** ≫ as ~ as를 생략한 후, 부사가 동사, 형용사, 부사를 수식하는 형태	**동사 + as 부사 as** Sarah drives as **carefully** as possible in the rain. 부사(일반동사 drive 수식)

적용1 ▶ Cultures as [diverse / diversely] as the Japanese, the Guatemala Maya, and the Inuit of Northwestern Canada practice it.

적용2 ▶ Schubert wrote music as [free / freely] as one would write a friendly letter.

적용3 ▶ His voice was as [quiet / quietly] as a whisper.

해석1 ▶ 일본인들, 과테말라의 마야인들, 그리고 북서 캐나다의 이누이트족과 같은 다양한 문화권에서는 그것을 행한다.

해석2 ▶ 슈베르트는 사람들이 친숙한 편지를 쓰듯이 음악을 자유롭게 썼다.

해석3 ▶ 그의 목소리는 속삭이는 것 같이 조용했다.

정답 ▶ diverse / freely / quiet

병렬 구조 관련 비법

16. 병렬-등위접속사

등위접속사에서의 병렬

Nobody would buy a melon
A   B
without **feeling** it **and smelling** it.
명사   등위접속사   명사

등위접속사 암기법 : F·A·N·B·O·Y·S

For	I ordered a pizza, **for** I was hungry.
And	I want popcorn **and** pizza.
Nor	I do not want popcorn **nor** pizza.
But	I want popcorn **but** not pizza.
Or	Do I want popcorn **or** pizza?
Yet	I want popcorn, **yet** I also want pizza.
So	I want popcorn, **so** I made some.

등위 접속사로 연결되는 구나 절은 같은 문법적 기능을 갖추고 있어야 함.
명사(구/절) VS. 명사(구/절), 형용사(구/절) VS. 형용사(구/절), to R VS. to R, v-ing VS. v-ing 등

적용1 ▶ But a human is much more capable of operating those instruments correctly and [places / placing] them in appropriate and useful positions.

적용2 ▶ But now the tools of the digital age give us a way to easily get, share, and [act / acting] on information in new ways.

적용3 ▶ I would respond to my father's comments by bending my knees more and [to run / running] faster when I got back in the game.

해석1 ▶ 하지만 인간은 그러한 도구들을 정확하게 조작하고 그것들을 적절하고 유용한 위치에 설치하는 데 있어서 훨씬 더 유능하다.

해석2 ▶ 하지만 지금 디지털 시대의 도구들은 새로운 방식으로 정보를 모으고 공유하고 실행시키는 방법을 우리에게 준다.

해석3 ▶ 나는 다시 경기에 들어가서 무릎을 더 굽히고 더 빨리 달리는 것으로 아버지의 말에 응하곤 했다.

정답 ▶ placing / act / running

17. 병렬-비교구문

비교구문에서의 병렬

비교대상

I prefer **cooking at home** to **eating out**.
동명사   동명사

비교구문에서 비교하는 대상이 무엇인지를 파악하여, 비교대상끼리 문법적 성격이 동일해야 함.

적용1 ▸ Dining in a restaurant is more expensive than [eat / eating] at home.

적용2 ▸ The story gets more boring rather than [interesting / interested].

적용3 ▸ It is better to do mathematics on a blackboard [as / than] on a piece of paper because chalk is easier to erase, and mathematical research is often filled with mistakes.

해석1 ▸ 식당에서 식사하는 것이 집에서 먹는 것보다 비싸다.

해석2 ▸ 이야기가 흥미롭기보다는 지루해지고 있다.

해석3 ▸ 분필은 보다 쉽게 지울 수 있고 수학적인 연구는 흔히 실수로 가득 차있기 때문에 종이 위보다 흑판위에서 수학을 하는 것이 더 낫다.

정답 ▸ eating / interesting / than

수일치 관련 비법 (1)

18. 수일치 – 주어를 수식하는 어구나 삽입어구 (1)

주어를 수식하는 어구나 삽입어구

복수 주어   복수 동사

Many people who live in this part of the world **are** likely to be worried again with the beginning or the cold weather.

주어를 수식하는 어구(형용사구, 분사나 부정사, 관계절 등) 혹은 삽입어구 때문에 주어 부분이 길어질 때, 수식어구 혹은 삽입어구를 뺀 진짜 주어를 찾아 동사와의 수를 일치시켜야 함.

적용1 Many social scientists hold that the removal of the barriers between child information and adult information [have / has] pushed children into the adult world too early.

적용2 The average life of a street tree surrounded by concrete and asphalt [is / are] seven to fifteen years.

적용3 One way of coping with the problem of moving around the cities [was / were] to tunnel underground.

해석1 많은 사회과학자들은 아동용 정보와 성인용 정보 사이의 장벽 제거가 아이들을 성인의 세계로 너무 일찍 밀어 넣었다고 주장한다.

해석2 콘크리트와 아스팔트에 둘러싸인 가로수의 평균 수명은 7년에서 15년이다.

해석3 도시의 이곳저곳을 돌아가야 하는 문제들을 해결하는 한 가지 방법은 땅 밑에 터널을 뚫는 것이다.

정답 has / is / was

18. 수일치 – 주어가 동명사, 부정사, 명사절인 경우 (2)

주어가 동명사, 부정사, 명사절인 경우 » 단수취급

동명사 주어(단수 취급)　　　　　　　단수 동사

Grouping similar things together makes it easier for us to find them.

주어가 동명사(v-ing), 부정사(to R), 명사절(that절, whether절 등)인 경우 » 단수취급

적용1 ▶ Not being able to fall asleep after going to bed at night or waking up too early in the morning [is / are] usually called insomnia.

적용2 ▶ Adapting novels [is / are] one of the most respectable of movie projects, while a book that calls itself the novelization of a film is considered barbarous.

적용3 ▶ Learning about these patterns [help / helps] us to understand the world a little better.

적용4 ▶ To walk from one place to another [is / are] the most convenient way of getting around, especially if the attractions are "walkable"

해석1 ▶ 밤에 잠자리에 든 후 잠을 이룰 수 없거나 아침에 너무 일찍 깨어나는 것은 보통 불면증이라고 불린다.

해석2 ▶ 소설을 각색하는 것은 영화 작업에 있어 가장 존경할만한 것 중 하나이지만, 영화를 소설화한 책은 상스럽게 여겨진다.

해석3 ▶ 이런 패턴을 배우는 것은 우리가 세상을 조금 더 이해하는데 도움을 준다.

해석4 ▶ 특히 명소가 '걸어서 갈 수 있는' 곳이라면 한 곳에서 다른 곳으로 걸어가는 것은 가장 편리한 방법이다.

정답 ▶ is / is / helps / is

18. 수일치 - 주격관계대명사 뒤에 나오는 동사 (3)

주격관계대명사 뒤에 나오는 동사 » 선행사에 일치

주격관계대명사 뒤에 나오는 동사는 선행사에 수를 일치시킴. 단, 선행사는 관계대명사 바로 앞의 명사일 수도 있고, 수식어구가 포함되어 관계대명사 앞의 수식어구 앞의 명사일 수도 있음. 또는 앞 문장 전체(단수 취급)가 될 수도 있음.

적용1 We can use alternative sources of energy that [is / are] not as harmful to the environment as those which we are presently using.

적용2 Malinowski, the classic anthropological fieldworker, describes the early stages of fieldwork as 'a strange, sometimes unpleasant, sometimes intensely interesting adventure which soon [adopt / adopts] quite a natural course'.

적용3 He sent me a certain program designed to recover photos that [was / were] deleted from flash memory cards by mistake.

해석1 우리는 현재 사용 중인 에너지 자원만큼 환경에 해롭지 않은 대체에너지를 이용할 수 있다.

해석2 최고의 인류학 현장연구자인 Malinowski는 현장연구의 초기 단계를 '곧 꽤 자연스러운 전개를 취할 이상하고, 때로는 불쾌하고, 때로는 매우 흥미로운 모험'이라고 묘사한다.

해석3 그는 나에게 실수로 인해 플래시 메모리 카드에서 삭제된 사진을 복원 할 수 있도록 고안된 어떤 프로그램을 보냈다.

정답 are / adopts / were

수일치 관련 비법 (2)

18. 수일치 – 상관접속사가 주어에 쓰인 경우 (4)

상관접속사가 주어에 쓰인 경우	
동사와 가까운 명사(근접성의 원리)에 수일치	B(focus, 초점)에 수일치
A or B A 또는 B	not A but B A가 아닌 B
either A or B A 또는 B중 하나	not only A but also B A 뿐만 아니라 B도
neither A nor B A도 B도 아닌	B as well as A A 뿐만 아니라 B도

적용1 ▶ Either the parents or the grandmother [knows / know] your secret.

적용2 ▶ [Do / Does] either the parents or the grandmother know your secret?

적용3 ▶ Not only the mice but also the cat [runs / run] away.

적용4 ▶ The cats as well as the dog [survives / survive] the accident.

해석1 ▶ 부모님 또는 할머니께서 너의 비밀을 안다.

해석2 ▶ 부모님 또는 할머니께서 너의 비밀을 아시니?

해석3 ▶ 쥐 뿐만 아니라 고양이도 도망간다.

해석4 ▶ 개 뿐만 아니라 고양이도 그 사고에서 살아남았다.

정답 ▶ knows / Do / runs / survive

18. 수일치 – 부분을 나타내는 표현이 주어인 경우 (5)

<table>
<tr><td colspan="3" align="center">부분을 나타내는 표현이 주어인 경우</td></tr>
<tr><td colspan="3" align="center">부분을 나타내는 표현이 주어일 때는 of 뒤에 쓰인 명사와 본동사를 수일치 시킴.
즉, 그 자체만으로 수량 구분이 안 되는 표현이 나올 때는 단수명사가 나오면 단수동사,
복수명사는 복수동사를 씀.</td></tr>
<tr><td>-의 대부분(most, the majority)</td><td rowspan="6" align="center">+ of</td><td rowspan="3" align="center">+ 단수명사 + 단수동사</td></tr>
<tr><td>-의 일부/전체(some/all/none)</td></tr>
<tr><td>-의 절반(half)</td></tr>
<tr><td>-의 나머지(the rest)</td><td rowspan="3" align="center">+ 복수명사 + 복수동사</td></tr>
<tr><td>분수(one third, three quarters)</td></tr>
<tr><td>퍼센트(percent)</td></tr>
</table>

적용1 ▸ About three percent of the weight of sea water [is / are] accounted for by salt.

적용2 ▸ Most of his books [is / are] English novels.

적용3 ▸ Although 79.5% of the South African population [is / are] black, the people are from various ethnic groups speaking different Bantu languages.

해석1 ▸ 바닷물 무게의 대략 3% 정도를 소금이 차지한다.

해석2 ▸ 그의 책들의 대부분은 영어 소설이다.

해석3 ▸ 비록 남아프리카 인구의 79.5%가 흑인이지만, 많은 Bantu 언어를 쓰는 다양한 소수민족 그룹에서 온 사람들이다.

정답 ▸ is / are / is

18. 수일치 – 수와 관련된 표현 VS 양과 관련된 표현 (6)

수와 관련된 표현의 수일치			양과 관련된 표현의 수일치		
all			all		
most			most		
some			some		
many	+ 복수명사	+ 복수동사	much	+ 단수명사	+ 단수동사
a few			a little		
few			little		
several			a (great) deal of		

적용1 ▶ The first shops sold just [a few / a little] products such as meat and bread.

적용2 ▶ [Much / Many] attention should be paid to them.

해석1 ▶ 최초의 가게들은 고기와 빵과 같은 단지 몇 개의 상품들만을 팔았다.

해석2 ▶ 그들에게 많은 관심이 주어져야 한다.

정답 ▶ a few / Much

수일치 관련 비법 (3)

18. 수일치 – 단수동사 VS 복수동사 (7)

단수동사를 취하는 주어			복수동사를 취하는 주어		
The **number** of students in the class **is** fifteen 주어 　　　　　　　　　　　단수동사			A number of **students are** late for class. 주어　　복수동사 = a lot of 복수 명사 + 복수 동사 형태와 의미가 같음		
~body / ~one / ~thing		+ 단수동사	the + 형용사		+ 복수동사
the number of ~	+ 복수명사		a number of	+ 복수명사	
each / every / either / neither / another	+ 단수명사		several	of	+ 복수명사	
all	+ 단수명사		both		
another	+ 단수명사		all	+ 복수명사	
			other	+ 복수명사 (가산)	
a lot of	+ 셀 수 없는 명사		a lot of	+ 셀 수 있는 명사	

적용1 ▶ Dozens of wildflowers of countless varieties cover the ground to [both / either] sides of the path.

적용2 ▶ A lot of beer [have / has] gone down since then and now he is very fat.

적용3 ▶ When he went on board, he found [another / other] passenger was to share the cabin with him.

적용4 ▶ One of the exercises we were given [was / were] to make a list of the ten most important events of our lives.

해석1 ▶ 무수히 다양한 품종의 야생화 수십 송이들이 길 양편으로 땅을 덮고 있다.

해석2 ▶ 그때 이후 맥주를 많이 마셨고 지금 그는 뚱뚱하다.

해석3 ▶ 배에 탔을 때, 그는 다른 한 명의 승객이 자신과 선실을 함께 사용하게 될 것임을 알게 되었다.

해석4 ▶ 우리에게 주어진 활동들 중의 하나는 우리의 삶에서 열 가지 가장 중요한 사건들의 목록을 작성하는 것이었다.

정답 ▶ both / has / another / was

18. 수일치 - 대명사의 수와 격 (8)

대명사 수일치

대명사가 지칭하는 명사의 수(단수, 복수)와 격(주격, 소유격, 목적격)을 확인하자.

ex) The girl lifts her books in the classroom.
  <the girl = her (단수, 여성, 소유격)>
  The boys lift their books in the classroom.
  <the boys = their (복수, 소유격)>
  Ann called her son last night and spoke to him for half an hour.
  <Ann = her (단수, 여성, 소유격)>,
  <her son = him (단수, 남성, 목적격)>

적용1 ▶ When faced with things that are too big to sense, we comprehend [it / them] by adding knowledge to the experience.

적용2 ▶ On the other hand, halfhearted individuals are seldom distinguished for courage even when it involves [its / their] own welfare.

적용3 ▶ The digestive system of people is different from [that of sheep / those of sheep].

적용4 ▶ The mountains of Korea are longer than [that / those] of Japan.

적용5 ▶ Recently, a severe disease hit some Asian nations hard, causing several hundred deaths. In spite of [its / their] close location to these countries, however, Korea has remained free of the deadly disease.

해석1 ▶ 너무 커서 감지할 수 없는 것에 직면하게 될 때 우리는 기존의 경험에 지식을 더함으로써 그것들을 이해한다.

해석2 ▶ 반면에, 마지못해 하는 개인들은 그것이 그들 자신의 이익과 연관이 있을 때조차도 용기가 두드러지지 않는다.

해석3 ▶ 사람의 소화기관은 양의 소화기관과 다르다.

해석4 ▶ 한국의 산맥은 일본의 산맥보다 길다.

해석5 ▶ 최근에 심각한 질병이 몇몇 아시아 국가에 퍼지면서 수백 명이 사망하게 되었다. 그러나 한국은 그 나라들과 인접해 있으면서도 이 치명적인 질병으로부터 안전한 상태를 유지하고 있다.

정답 ▶ them / their / that of sheep / those / its

01 Driving home with my family one day, I noticed smoke [rise / to rise] from the roof of an apartment building.

02 That is why movie stars prefer to have this side of their face [photographed / photographing].

03 A suitable insurance policy should provide coverage for medical expenses [arising / arisen] from illness or accident.

04 The phrase, 'jack-of-all-trades' is a [shortening / shortened] version of 'jack of all trades and master of none.'

05 When the door was opened, I said "Merry Christmas!" and handed some [astonishing / astonished] child a beautifully [wrapping / wrapped] gift.

06 [Writing / Written] the books in haste, Jason made many mistakes.

07 All these things [considering / considered], it might be better to ask for the services of a moving company.

08 A white person [who / whom] lives primarily among other whites will have more difficulty recognizing Asian faces, and vice versa.

09 Many of the letters come from people [who / whose] work lives have been so busy.

10 The skillful mechanic has been replaced by a teenager in a uniform [who / which] doesn't know anything about cars and couldn't care less.

11 Ice hockey is unusual among the major sports in [such / that] teams frequently play with different numbers of players.

12 The characteristic "S" curve occurs as the snake alternately tightens muscles on one side of the body and relaxes [that / those] on the opposite side.

13 It was not until the Chrysler Building was completed in New York city in 1930 [that / what] there was a taller structure in the world than the Eiffel Tower.

14 [If / Whether] you will do it or not is the contract.

15 The law about this considers such questions as [if / whether] this exists, what the meaning of this is, whether this has been broken, and what compensation is due to the injured party.

16 I asked the audience, "How many of you feel nervous when you give a speech?" [Near / Nearly] every hand went up.

17 Cultures as [diverse / diversely] as the Japanese, the Guatemala Maya, and the Inuit of Northwestern Canada practice it.

18 Schubert wrote music as [free / freely] as one would write a friendly letter.

19 His voice was as [quiet / quietly] as a whisper.

20 The researchers found that the children in the orphanage were physically, socially, and emotionally disabled compared with the other children, which [was / were] a difference that expanded steadily as the children grew older.

21 Many social scientists hold that the removal of the barriers between child information and adult information [have / has] pushed children into the adult world too early.

22 About three-fourths of the chalk used in the United States [go / goes] into trash bags.

ADVANCED TEST1

01 A lot of people probably spend more time on the Internet than they [do / are] in their vehicles.

02 The tests have shown that pigeons that flew on a cloudy day got lost. Those that flew on a sunny day, however, [did / were] not.

03 Professors no more want to be called John or Maria than [do / is] average physicians.

04 Cheese bread is delicious, and so is cheese soup. Cheese pancakes taste good, and so [is / do] cheese candies.

05 New York Policy [restricting / restricts] the use of plastic bags is gradually taking root, particularly among large discount stores and retailers.

06 People who are daring in taking a wholehearted stand for truth often [achieving / achieve] results that surpass their expectations.

07 What can a math teacher do without a chalk? Stop thinking about what you don't have and [find / finding] a solution yourself.

08 We must not forget that physical education and sports programs, which also prevent obesity and diabetes, [are being / being] trimmed from school budgets every year.

09 Engineers also added [that / what] they would be able to figure out how much of a risk the sand would be for car engines.

10 In some cases two species are so dependent upon each other [that / what] if one becomes extinct, the other will as well.

11 I pull out my laptop, [which / on which] I have lots of pictures and videos of my kids.

12 Then find something special about each day [that / for which] you can be thankful.

13 Especially, be sure to be extra careful while [cleaned / cleaning] around your animal's sensitive ears.

14 We study philosophy [because / because of] the mental skills it helps us develop.

15 Besides [it works / working] better, your brain may also work longer if you exercise.

16 Scientists believe they would be able to determine how concentrated the ash was and, thus, how [dangerous / dangerously] it could be for aircraft to fly through.

17 Countless advances have been made [possible / possibly] because their creators had experience in various fields.

18 It is not just to amaze our friends with our own profound thinking or confuse them with [unexpected / unexpectedly] questions.

19 Researchers asked 32 people to watch a brief computer animation of white bars drifting over a gray and black background, and [say / said] which way they were moving.

20 As a reviewer, you analyze the book for how it tells a story and [evaluate / evaluates] the quality of writing and organization.

21 Tory Higgins and his colleagues had university students read a personality description of someone and then [summarize / summarized] it for someone else who was believed either to like or to dislike this person.

22 Flowers are often presented as gifts on birthdays and anniversaries and [give / given] to moms and dads on Parents' Day by children.

23 You know how important competitive edges are in choosing suitable markets and [define / defining] services.

24 Wearing shoes tends to make feet more susceptible to injury than [to go / going] barefoot.

25 Riding a bike to school or work and taking the stairs instead of the elevator are as natural as [brush / brushing] your teeth after meals when you live a cleaner, greener life!

26 Answering this question in a new, unexpected way is one of the creative acts. [It / They] will improve your chances of succeeding next time.

27 Painted 3D triangles that look like speed bumps take one quarter of the cost of physical bumps. The devices also have the advantage of not tearing up emergency vehicle axles as they speed over [it / them].

28 In reality, the main reason for these minor but unpleasant illnesses [are / is] that we are exhausted.

29 The knowledge of economists who study stock prices, interest rates, and market dynamics, and so on often [become / becomes] obsolete in a few days or even a few hours.

30 A few drivers eager to get the parking lot my son would be leaving [was / were] following him.

31 Enclosed [are / is] the materials that you mentioned the other day.

32 Still others think that achieving satisfaction and contentment by working at a job they really like [is / are] the prime measure of success.

33 Shooting dishes outdoors [has / have] its own problems.

34 This is one of the boats which [belong / belongs] to my father.

35 The Stellar is one of those cars that [have / has] been discontinued by the manufacturers.

36 In the mid-eighteenth century, the rich of London [was / were] deeply impressed by the parks in other nations and suggested establishing a park.

37 Song-eun is the only one of the tourists who [have / has] survived the train accident.

38 It is the fusion of these many talents that [create / creates] beautiful ballet.

39 The number of Euripides' plays that have remained alive is larger than [that / those] of Aeschylus' and Sophocles' together, partly because of the unplanned preservation of a manuscript that was likely part of a unbroken collection of his works.

40 However, after they finish their resume, they realize that viewing experiences through the lens of failure [forces / force] them to come to terms with the mistakes they have made along the way.

41 It seems quite ironic that starving animals that eat barely enough to survive [is / are] the ones who live the longest.

42 Among the most urgent problems [is / are] the education of their children.

43 There is a deep cavern on the island, containing the bones and arms of the Indians, who, it is supposed, [was / were] buried there.

44 Each employee [is / are] allowed up to three days of sick leave per month for any illness.

MEMO

MEMO

MEMO

고등학교 영어 오답의 모든 것
<2. 구문어휘편> : 폭망그만 구문어휘

초판 1쇄 발행 2021년 6월 25일

지은이	정동완 김표 양성민 손평화 정승덕
펴낸이	꿈구두
펴낸곳	꿈구두
디자인	맨디 디자인

출판등록	2019년 5월 16일, 제 2019-000010호
블로그	https://blog.naver.com/edu-atoz
이메일	edu-atoz@naver.com

밴드 네이버밴드 <오늘과 내일의 학교>

ISBN	979-11-91607-03-1

책값은 표지 뒤쪽에 있습니다.
파본은 구입하신 서점에서 교환해드립니다.

ⓒ 정동완 김표 양성민 손평화 정승덕
이 책은 저작권법에 따라 보호받는 저작물이므로 무단복제를 금지하며
이 책 내용을 이용하려면 저작권자와 꿈구두의 서면동의를 받아야 합니다.

영머오답의로드컷 ②

정답과 해설

【 폭망그만 구문어휘 】

꿈구두

명머 오답의 모든것 ②

정답과 해설

【 폭망그만
구문어휘 】

꿈구두

Contents

영어 오답의 모든 것 독해(구문, 어휘, 어법편)

구문편

정답 및 해설

1일차 문장의 앞부분엔 무엇이 나올까요?

2. 구문열차 분석하기

1)	[They], ①	**2)**	[Why you are so late today], ④	**3)**	[Helping others], ②
4)	[That she was beautiful], ④	**5)**	[To study English], ③	**6)**	[What is more important], ④

3. 구문열차 해석하기

1)	그 아이들은	**2)**	체중을 줄이는 것은	**3)**	언어를 배우는 것은
4)	그녀가 일을 그만두었다는 것은	**5)**	네가 보는 것이		

5. 구문열차 실전문제

1)	Simply providing students [with complex texts] **해석** 단순히 학생들에게 복잡한 지문을 제공하는 것은 학습이 일어나기에 충분하지 않다.	**2)**	The percentage [of people who mostly watch news videos on news sites in France] **해석** 프랑스에서 주로 뉴스 사이트를 통해 뉴스 영상을 시청하는 사람들의 비율은 독일에서의 비율보다 더 높다.
3)	People [living in neighborhoods with safe biking and walking lanes and public parks] **해석** 안전한 자전거와 산책로와 공원이 있는 동네에 사는 사람들은 자전거를 많이 이용합니다.	**4)**	Her ambition [to study English] **해석** 영어 공부를 하려는 그녀의 의욕은 끝이없다.

6. 구문열차 어법확장하기

1)	has	**2)**	is
3)	is	**4)**	tends

2일차 주어의 뒤에는 무엇이 나올까요?

정답표 >

2. 구문열차 분석하기

1)	enjoy, [riding], ②	**2)**	read, [written], ④	**3)**	hopes, [to wear], ①
4)	watch, [swimming], ③	**5)**	plans, [to visit], ①	**6)**	suggested, [reading], ②

3. 구문열차 해석하기

1)	그 영화를 봤어야 했다.	**2)**	그는 그의 지갑을 버스에 놔두고 왔을 수도 있다.
3)	여기에 왔었음에 틀림없다.	**4)**	버스를 놓쳤을지도 모른다.

5. 구문열차 실전문제

1)	began [to pound] **해석** 나의 심장은 기대와 열망으로 두근거리기 시작했다.	**2)**	have made [to motivate], [to try] **해석** 당신은 누군가를 더 노력하게 자극하려고 비슷한 주장을 했다.
3)	would be [to build], [to reveal] **해석** 강한 유대관계를 만드는 방법은 자신에 관한 가장 사적인 세부 사항을 드러내는 것일 것이다.	**4)**	could not order [to produce] **해석** 짐바브웨의 Robert Mugabe와 같은 독재자는 정부에게 100조 톤의 쌀을 생산하라고 명령할 수 없었다.

6. 구문열차 어법확장하기

1)	caused	**2)**	increased
3)	brought	**4)**	including

3일차 동사 뒤에는 무엇이 나올까요?

정답표 ▷

2. 구문열차 분석하기

1)	[searching for answers on the Internet], ⑤	**2)**	[that we succeeded in this project], ⑥
3)	[to keep your promise], ④	**4)**	[threatening], ⑦
5)	[difficult to understand], ③	**6)**	[hers], ②
7)	[an objection], ①		

3. 구문열차 해석하기

1)	퍼져나가기를, (퍼져나가는 것을)	**2)**	너의 회사가 작년에 비슷한 과정을 거쳤(택했)다는 것을	**3)**	새로운 가장 친한 친구를
4)	TV를 끄고 휴식을 취하는 것	**5)**	창조적으로 생각하도록		

5. 구문열차 실전문제

	①		③
1)	해석 우리는 고객들이 비닐봉지나 종이봉투를 가져오면 그 돈을 되돌려 주는 것을 규칙으로 하고 있다.	**2)**	해석 우리는 종종 신생아와 유아가 흔들림에 의해 편안해진다는 것을 듣는다.
	③		②
3)	해석 사람들은 그녀가 그 오래된 집에서 혼자살았다는 것을 이상하게 여긴다	**4)**	해석 문제는 우리가 은퇴 후의 삶을 위해 충분한 돈을 모아야 한다는 것이다.

6. 구문열차 어법확장하기

1)	hit	**2)**	to engage	**3)**	cross
4)	search	**5)**	to get	**6)**	moving

4일차 문장을 더 길어지게 만들 수도 있나요? (1)

정답표 ▷

2. 구문열차 분석하기 (1)

1)	I know [the boy] [who speaks both Korean and English fluently].
2)	That was not [her shadow] [which passed the window].
3)	He keeps [a dog] [which barks fiercely at other people].

2. 구문열차 분석하기 (2)

1)	This is [the place] [where I was born and grew up].
2)	Nobody knew [the reason] [why he refused to go there].
3)	Spring is [the season] [when forsythias and cherry trees bloom].
4)	He entered [the office] [where his parents worked].

3. 구문열차 해석하기

1)	그가 혼자 처리해야만 하는
2)	그의 아이들이 그가 없을 때 했던 것
3)	일을 끝내고 그가 자주 가는
4)	그녀가 그 아이들을 교육하는 방법

5. 구문열차 실전문제

1)	④ He could hear nothing [however hard he listened].
	해석 그가 아무리 열심히 들으려고 했지만 그는 아무것도 들을 수 없었다.
2)	② We don't know the exact time [when it happened].
	해석 우리는 그것이 일어난 정확한 시간을 알지 못한다.
3)	① He knows many things [which we are ignorant of].
	해석 그는 우리가 알지 못하는 많은 것들을 안다.
4)	③ I can eat [whatever I want] and still don't gain weight.
	해석 나는 내가 원하는 무엇이든 먹을수 있지만 여전히 몸무게가 늘지는 않는다.

6. 구문열차 어법확장하기

1)	that	2)	where	3)	whose
4)	whom	5)	where	6)	which

5일차 문장을 더 길어지게 만들 수도 있나요? (2)

정답표 〉

2. 구문열차 분석하기

1)	As soon as, ③	2)	not only, but also, ②	3)	or, ①
4)	that, ③	5)	neither, nor, ②	6)	but, ①

3. 구문열차 해석하기

1)	우리가 웃고 농담하고, 저녁을 먹는 동안	2)	다른 사람들에 대한 부정확한 추측을 하도록 이끄는
3)	비록 그것이 중요하고 우선되는 신호이지만,	4)	당신이 영업부에서 당신의 석달의 임기를 완수했기 때문에

5. 구문열차 실전문제

1)	that takes considerable effort	2)	As soon as the white ray hit the prism,
	해석 상당한 노력을 필요로 하는		해석 그 백색광은 프리즘에 부딪치자마자
3)	where members complement one another	4)	that delivery will take place within two weeks.
	해석 우리는 구성원들이 서로를 보완해 주는		해석 그 배송이 2주 안에 이뤄질 것을
5)	Although you are free to choose		
	해석 비록 여러분이 선택할 자유가 있지만		

6. 구문열차 어법확장하기

1)	which	2)	that	3)	What
4)	if	5)	while	6)	whether

6일차 문장의 순서가 뒤바뀔 수도 있나요?

정답표 〉

2. 구문열차 분석하기

1)	①	2)	④	3)	②
4)	③	5)	①		

3. 구문열차 해석하기

1)	지금까지 너무나 많은 자동차 사고가 발생해왔다	2)	그 남자는 지난밤에 내가 집에 오는길에 만났던 사람이다.
3)	그녀가 너무나 친절했어서, 우리는 그녀를 잊을수 없을 것이다.	4)	그의 취미를 나는 매우 좋아하지만, 그의 성격을 좋아하지 않는다.

5. 구문열차 실전문제

1)	What do advertising and mapmaking have 해석 광고를 하는 것과 지도를 만드는 것은 어떤 공통점을 가지고 있습니까?	2)	Not only were these officials 해석 이 담당 임원들은 어떻게 자신들의 회사가 '친환경' 제품을 생산함으로써 이익을 얻을 수 있는가에 관심이 있었을 뿐만 아니라, 흔히 쓰레기와 오염을 줄이고 그 회사의 탄소 배출을 줄임으로써 회사를 더 효율적으로 만드는 과제가 주어지기도 했다.
3)	So However, as pollution increases, [so] does the amount of carbon dioxide 해석 그러나, 오염이 증가함에 따라서, 이산화탄소의 양도 증가한다.	4)	Never before and never since has the quality of monumentality been achieved 해석 그 전에도 그 이후에도, 기념비성이라는 특성이 이집트에서처럼 완전히 달성된 적은 한 번도 없었다.

6. 구문열차 어법확장하기

1)	does	2)	have
3)	are	4)	does

7일차 문장의 요소가 생략될 수도 있나요?

정답표 〉

2. 구문열차 분석하기

1)	[which was], ③	2)	[she was], ⑤	3)	[that], ④
4)	[that], ②	5)	[he] , ①		

3. 구문열차 해석하기

1)	해석 몇몇의 학생들은 영어를 말했고, 또 다른 학생들은 중국어를 말했다.
2)	해석 그 남자가 내가 말했던 사람이다.
3)	해석 만약에 그것이 가능하다면, 나는 호수전망을 볼 수 있는 방을 갖기를 원한다.

5. 구문열차 실전문제

1)	생략 가능한 부분: [he was]
	해석 그는 그곳에 있는 동안에 특히, 얀 반 아이크의 작품처럼 그에게 큰 영향을 준 독일과 플랑드르의 예술작품들을 보았다.
2)	생략 가능한 부분: [that]
	해석 저희는 귀하가 클럽에 가입할 때 선택하셨던 제품을 보내드린 이후로 귀하로부터 답변을 듣지 못해 염려하고 있습니다.
3)	생략 가능한 부분: [that]
	해석 어느 날, Jack은 Mark가 패배를 경험하게 하는 것이 중요하다는 것을 깨달았다.
4)	생략 가능한 부분: [that]
	해석 우리 아이들은 조부모의 문화로 되돌아가야 한다는 말을 들으면 겁이 날 것이다.

6. 구문열차 어법확장하기

1)	it is	2)	that	3)	which was
4)	that	5)	preferred		

8일차 의미를 강조하는 구문도 있나요?

2. 구문열차 분석하기

1)	[last month]	③
2)	[in the library]	③
3)	[when she started drama classes]	③
4)	[Alex]	②
5)	[Jane]	①
6)	[your love]	⑤
7)	[see the sheer scale of the damage]	④
8)	[Making harps]	⑥
9)	[one of his relatives]	⑤

3. 구문열차 해석하기

1)	지난주 카리브해에서 피터 앨리슨 박사에 의해 촬영된 것이 바로 그 사진들이었다.	2)	위대한 작곡가들은 규칙을 따르기보다는 규칙이 그들을 따르게 했다.
3)	새벽이 되어서야 비로소 잠이 들었다.	4)	몸뿐만 아니라 마음도 운동이 필요하다.

5. 구문열차 실전문제

1)	do not make sound decisions 해석 이기적인 어른들 또는 아이들은 감사할 줄 아는 사람들만큼 건전한 결정을 내리지 못한다.	2)	your commitment to the process 해석 궁극적으로, 너의 발전을 결정해주는 것은 결과가 아니라 과정에 대한 당신의 헌신이다.
3)	that force 해석 여러분의 피부를 쓰리게 하고, 굉장한 높이에서 물속으로 떨어지는 것을 콘크리트 위에 떨어지는 것처럼 만드는 것이 바로 그 힘이다.	4)	not until then 해석 그때가 지나서야 Bahati는 마침내 그 가난한 노파의 말의 의미를 깨달았다.

6. 구문열차 어법확장하기

1)	that	2)	produces
3)	who	4)	that

9일차 꼭 알아야 할 비교구문도 있나요?

정답표

2. 구문열차 분석하기

1)	twice as high as, ②	2)	The wiser she is, the more popular, ①	3)	three times the width of, ②
4)	no man, so diligently as, ③	5)	The longer the life, the more the shame, ①	6)	twice longer than, ②

3. 구문열차 해석하기

1)	① 빠르면 빠를수록 더 좋다.	1)	② 문장이 짧으면 짧을수록, 더 기억하기 쉽다.
2)	tall	2)	longer
	① 해석 : Amy가 가장 크다(학급의 다른 어떤 소녀도 Amy보다 더 크지 않다)		③ 해석 : 이 줄은 저 줄보다 두 배 더 길다
	taller		length
	② 해석 : Amy가 가장 크다(학급의 다른 어떤 소녀도 Amy보다 크지 않다)		④ 해석 : 이 줄은 저 줄 길이의 두 배이다.

5. 구문열차 실전문제

1)	no more, than	2)	the more pervasive combative sports are, the more likely that society is
	해석 말이 물고기가 아니듯이 고래도 물고기가 아니다.		해석 전투적인 스포츠가 한 사회에서 더 만연할수록, 그 사회는 전쟁에 더 참여할 것이다.
3)	the better we undestand, the less effort we put	4)	not so much, as
	해석 우리가 어떤 것을 더 잘 이해할수록, 우리는 그것에 대해 생각하는 데 노력을 덜 기울인다.		해석 Oxford 사전의 정의를 보면, 탈진실이란 진실이 '존재하지 않는다'는 주장이 아니라 '사실이 우리의 정치적 관점에 종속되어 있다'는 주장이라는 것을 알게 된다.

6. 구문열차 어법확장하기

1)	sociable	2)	fixed
3)	as	4)	to get

11일차 실전 연습문제1

1

1)
[A quite big fire] <u>broke out</u> last night in the downtown.

해석 꽤 큰 화재가 지난밤 시내에서 발생했다.

2)
[Learning a second language] <u>is</u> easy for young children.

해석 제 2 외국어를 학습하는 것은 어린아이들에게는 쉽다.

3)
[That people do not care of climate change] <u>is</u> a shame.

해석 사람들이 기후 변화에 관심을 갖지 않는 것은 부끄러운 일이다.

4)
[One more thing you need to do] <u>is</u> to join a club devoted to mathematics.

해석 한 가지 더 당신이 해야 할 필요성이 있는 일은 수학 연구에 몰두하는 동아리에 가입하는 것이다.

5)
[What I can do for you] <u>is</u> to trust you.

해석 내가 너를 위해서 할 수 있는 것은 너를 믿는 것이다.

6)
[Whoever has to look after young children] soon <u>realizes</u> that [much sympathy] <u>is</u> a mistake.

해석 어린 아이들을 돌보는 사람들은 누구든지 지나친 동정심은 실수라는 것을 곧 깨닫게 된다.

2

1)
[A very beautiful beach] <u>is</u> in front of us.

해석 아주 아름다운 해변이당신 앞에 펼쳐져 있다.

2)
[To ignore other's idea] <u>is</u> very rude.

해석 타인의 생각을 무시하는 것은 매우 무례하다.

3)
[That he is a great singer] <u>is</u> already well known.

해석 그가 훌륭한 가수라는 것은 이미 널리 알려져 있다.

4)
[Whether it rains or not] <u>doesn't matter</u> at all.

해석 비가 오던지 오지 않던지는 전혀 중요하지 않다.

5)
[What makes you happy] <u>is</u> up to you.

해석 당신을 행복하게 만드는 것은 당신에게 달려 있다.

6)
[Whatever she did] <u>was done</u> with determination and rapidity.

해석 그녀가 하는 일은 무엇이든지 결단력과 신속함과 함께 이루어 진다.

3

1) She **reported** [that] she ate a plate of spaghetti noodles the night before a race.

해석 그녀는 경주 전날 밤 스파게티 한 접시를 먹었다고 이야기 했다.

2) There **are** reports [that] marathon runners in the 1908 Olympics drank cognac to improve performance.

해석 1908년 올림픽에서 마라톤 선수들은 기량을 향상시키기 위하여 코냑을 마셨다는 보고가 있다.

4

1) The man [whom you met my party yesterday] **is** vegetarian.

해석 어제 내 파티에서 너가 만난 그 남자는 채식주의자이다.

2) The lawyer [whom I consulted] **gave** me practical advice.

해석 내가 상담을 받은 그 변호사는 나에게 실질적인 조언을 주었다.

3) This **is** the novel of a writer [whom I believe to be greater than shakespear].

해석 이것은 내가 셰익스피어보다 더 훌륭하다고 믿는 작가의 소설이다.

5

1) The house [along the river bank] **is** the expensive one in our village.

해석 강둑을 따라서 위치한 그 집은 우리 마을에서 비싼 집이다.

2) What **is** the most effective way [to learn foreign language]?

해석 무엇이 외국어를 가장 효과적으로 학습 할 수 있는 방법입니까?

3) One of my friend **is** an Englishman [born and bred] in London.

해석 내 친구 중의 한 명은 런던에서 태어나고 자란 영국인이다.

4) I **can't find** the place [where I had grown up].

해석 나는 내가 자랐었던 곳을 찾을 수 없었다.

5) I **know** the exact time [when the accident happened last night].

해석 나는 지난 저녁에 그 사건이 일어난 정확한 시간을 알고 있다

6	
1)	The old woman [with a silk dress] **is** the queen.
	해석 비단옷을 입은 그 나이든 여자는 여왕이다.
2)	**Is** there any other way [to recover it]?
	해석 그것을 회복시킬 수 있는 또 다른 방법이 있습니까?
3)	The boy [reading a book in the next room] **is** my son.
	해석 옆방에서 책을 읽고 있는 그 아이는 내 아들이다.
4)	The girl [who came here just now] **is** my daughter.
	해석 지금 막 여기에 도착한 그 소녀는 내 딸이다.
5)	That **is** the place [where the accident occurred].
	해석 저곳이 그 사고가 발생한 장소이다.

12일차 실전 연습문제2

정답표 〉

7

1)
[Through the miscommunication], we **lost** good chance to win.

해석 잘못된 소통으로 인해서, 우리는 이길 수 있었던 기회를 놓쳤다.

2)
I **have come** here [to talk with you in person].

해석 나는 당신과 직접 이야기를 하기 위해서 여기에 왔다.

3)
[Although he is rich], he **is** not happy.

해석 비록 그가 부유할지라도, 그는 행복하지 않다.

4)
There **is** no doubt about whatever it is

해석 그것에 대한 것이 무엇일지라도, 의심의 여지가 없다.

5)
You **may take** [whichever book you like].

해석 너가 좋아하는 책이 무엇이든지 간에 너는 가져갈 수 있다.

8

1)
[After all my trouble], you have learned nothing.

해석 내가 그렇게 애써 가르쳤는데도, 너는 아무것도 배운 것이 없구나.

2)
He must be mad [to say such a thing].

해석 그런 말을 하다니, 그는 제정신이 아님에 틀림 없다.

3)
[Seeing a police man], he ran off immediately.

해석 경찰을 보자마자, 그는 즉시 도망쳤다.

4)
[If you are honest], I will hire you at once.

해석 당신이 정직하다면, 나는 즉시 당신을 고용할 것이다.

5)
[Whoever you may be], I don't believe what you say.

해석 당신이 누구일지라도, 나는 당신이 말한 것을 믿지 않는다.

1)	My wife, [Jane], **is wearing** a blue skirt.
	해석 나의 아내인 제인은 파란색 스커트를 입고 있다.
2)	His opinion, [it seems to me], **is** not worth considering.
	해석 그의 의견은 나에게는 고려해 볼만 한 가지가 없는 것처럼 보인다.
3)	Spiders, [though not generally popular], **are** true friends of man.
	해석 거미는, 일반적으로 인기가 없지만, 인간의 진정한 친구이다.
4)	What survives these ancient societies **is**, [for the most part], a pile of receipts.
	해석 이런 고대사회들보다 오래 살아남은 것이 대부분 영수증 더미입니다.
5)	A dictatorship **can**, [in theory], be brutal or benevolent; anarchy **can**, [in theory], **consist of** "mutual aid" or a "war of all against all" that proceeds in the absence of any rule of law whatsoever.
	해석 독재는 이론적으로, 폭력적이거나 자비로울 수 있다; 무정부주의는 이론적으로 "상호부조적" 이거나 또는 모든 법의 규율에 대한 부재에서 진행되는 "모두에 대한 모두의 전쟁"으로 구성될 수 있다.
6)	We often **hear** stories of ordinary people who, [if education had focused on creativity], could have become great artists or scientists.
	해석 우리는 만약 교육이 창의력에 초점을 맞추었다면, 훌륭한 예술가나 과학자가 될 수도 있었던 평범한 사람들에 대한 이야기를 듣는다.

1)	Lie detector measures and analyzes physiological changes in [respiration, perspiration, muscular grip, and blood pressure].
	해석 거짓말 탐지기는 호흡과 땀과 근육의 수축과 혈압의 생리학적인 변화를 측정하고 분석한다.
2)	The new project is [brilliant, economical and workable].
	해석 새로운 프로젝트는 훌륭하고, 경제적이며, 실행가능하다.
3)	He spoke [clearly, resolutely and confidently].
	해석 그는 분명하고, 단호하며, 확신 있게 말했다.
4)	[To answer correctly] is more important than [to finish quickly].
	해석 대답을 정확하게 하는 것이 대답을 빨리 끝내는 것보다 더 중요하다.
5)	The duty of policeman are [taking care of citizen, preventing crime, and saving a life].
	해석 경찰의 의무는 시민을 보호하고, 범죄를 예방하고, 생명을 구하는 것이다.
6)	Having [eaten and drunk] too much the night before, he woke up with headache.
	해석 그는 그 전날 밤에 너무 많이 (술을)먹고 마셔서, 두통과 함께 일어났다.

1)	One sister lives in Seoul and the other [sister lives] in New york.
	해석 한 자매는 서울에 살고, 또 다른 자매는 뉴욕에 살고 있다.
2)	I have a rare book [which was] written in old English in my house.
	해석 나는 집에 고대영어로 쓰인 희귀한 책 한 권을 가지고 있다.
3)	She told serene [that] she had to keep trying if she wanted to succeed.
	해석 그녀는 성공하고 싶으면 계속 노력해야 한다고 그녀에게 말했다.
4)	It is starting with what we already believe and insisting that reality [should] fit it.
	해석 그것은 우리가 이미 믿는 것을 가지고 시작하여 현실이 그것에 들어맞아야 한다고 주장하는 것이다.
5)	Aside from wanting to look and smell your best, the time [that] you spend getting ready is prime time to be aware of everything [that] you're doing.
	해석 가장 멋져 보이고, 가장 좋은 냄새를 풍기고 싶은 것 이외에도, 준비하는 데 보내는 시간은 여러분이 하고 있는 모든 것을 의식할 수 있는 최고의 시간이다.
6)	Even if [you are] not operating globally, you will find that there is an increasing level of diversity among the people you work with.
	해석 당신이 국제적으로 일하지 않더라도, 당신은 당신이 함께 일하고 있는 사람들의 다양성의 정도가 점점 증가하고 있다는 것을 알게 될 것이다.

어휘편

정답 및 해설

Test 1 (Day 1)

1	②	6	⑤	11	④
2	①	7	②	12	③
3	⑤	8	⑤	13	②
4	③	9	④	14	④
5	④	10	③	15	④

Test 2 (Day 2)

1	①	6	⑤	11	③
2	⑤	7	②	12	④
3	④	8	⑤	13	③
4	③	9	③	14	⑤
5	④	10	④	15	⑤

Test 3 (Day 3)

1	③	6	②	11	⑤
2	④	7	⑤	12	③
3	①	8	③	13	②
4	⑤	9	②	14	④
5	③	10	②	15	①

Test 4 (Day 4)

1	④	6	③	11	⑤
2	②	7	③	12	②
3	①	8	⑤	13	④
4	⑤	9	①	14	⑤
5	④	10	④	15	④

Test 5 (Day 5)

1	⑤	6	②	11	①
2	⑤	7	③	12	⑤
3	③	8	③	13	③
4	⑤	9	①	14	②
5	④	10	②	15	⑤

Test 6 (Day 6)

1	③	6	②	11	③
2	③	7	⑤	12	①
3	①	8	①	13	⑤
4	①	9	④	14	②
5	⑤	10	④	15	④

Test 7 (Day 7)

1	②	6	⑤	11	④
2	②	7	①	12	⑤
3	④	8	④	13	④
4	③	9	②	14	④
5	⑤	10	③	15	①

Test 8 (Day 8)

1	③	6	②	11	③
2	③	7	①	12	①
3	⑤	8	②	13	②
4	②	9	③	14	⑤
5	④	10	②	15	⑤

Test 9 (Day 9)

1	③	6	②	11	①
2	⑤	7	⑤	12	①
3	⑤	8	③	13	⑤
4	②	9	④	14	③
5	④	10	④	15	⑤

Test 10 (Day 10)

1	②	6	①	11	④
2	①	7	③	12	②
3	⑤	8	①	13	⑤
4	②	9	③	14	③
5	①	10	④	15	①

Test 11 (Day 11)

1	②	6	③	11	①
2	⑤	7	④	12	①
3	②	8	②	13	②
4	①	9	①	14	④
5	⑤	10	⑤	15	⑤

Test 12 (Day 12)

1	③	6	②	11	④
2	②	7	③	12	⑤
3	④	8	③	13	④
4	①	9	①	14	④
5	⑤	10	③	15	⑤

어법편

정답 및 해설

1	rise	6	Writing	11	that	16	Nearly	21	has
2	photographed	7	considered	12	those	17	diverse	22	goes
3	arising	8	who	13	that	18	freely		
4	shortened	9	whose	14	Whether	19	quiet		
5	astonished, wrapped	10	who	15	whether	20	was		

정답 및 해설

문제1) 정답: rise

Driving home with my family one day, I noticed smoke [rise / to rise] from the roof of an apartment building.

해석 어느 날 식구들과 차를 타고 집으로 오면서 나는 한 아파트의 옥상에서 연기가 올라오고 있는 것을 알아차렸다.

» **해설** 지각동사 +목적어+목적격보어: 목적어와 목적격보어의 관계가 능동의 관계이기 때문에 동사원형인 rise가 와야 합니다.

»» **비법링크 3. 5형식 동사의 목적격보어의 형태**

문제2) 정답: photographed

That is why movie stars prefer to have this side of their face [photographed / photographing].

해석 영화스타가 얼굴의 이쪽 면이 사진 찍히기를 선호하는 이유입니다.

» **해설** 사역동사+목적어+목적격보어: 목적어와 목적격보어의 관계가 수동의 관계이기 때문에 과거분사인 photographed가 와야 합니다.

»» **비법링크 3. 5형식 동사의 목적격보어의 형태**

문제3) 정답: arising

A suitable insurance policy should provide coverage for medical expenses [arising / arisen] from illness or accident.

해석 적절한 보험 정책이 반드시 질병이나 사고로부터 발생하는 의료비를 지원해줄 수 있어야 한다.

» **해설** 질병이나 사고로부터 발생하는 의료비라는 능동의 의미이기 때문에 현재분사 arising이 적절하다.

»» **비법링크 6. v-ing / p.p 판별법**

문제4) 정답: shortened

The phrase, 'jack-of-all-trades' is a [shortening / shortened] version of 'jack of all trades and master of none.'

해석 '만물박사(팔방미인)'이라는 말은 '무엇이든지 다 할 수 있는 사람은 뛰어난 재주가 없다.'는 말의 줄여진 표현이다.

» **해설** '무엇이든지 다 할 수 있는 사람은 뛰어난 재주가 없다.'는 말의 축약되어진/ 줄여진 이라는 수동의 의미인 과거분사 shortened이 적절하다.

»» **비법링크 6. v-ing / p.p 판별법**

문제5) 정답: astonished / wrapped

When the door was opened, I said "Merry Christmas!" and handed some [astonishing / astonished] child a beautifully [wrapping / wrapped] gift.

해석 문이 열렸을 때, 나는 "메리크리스마스"라고 말했고 놀란 아이에게 아름답게 포장이 된 선물을 주었다.

» **해설** 놀란 아이에게 아름답게 포장이 된 선물을 주었다라는 수동의 의미인 과거분사 astonished와 wrapped가 적절하다.

»» **비법링크 6. v-ing / p.p 판별법**

문제6) 정답: Writing

[Writing / Written] the books in haste, Jason made many mistakes.

해석 Jason은 그 책을 급하게 써서, 많은 오류를 가지고 있다.

» **해설** 종속절의 시제가 주절의 시제인 과거시제와 시제가 동일하기 때문에 writing이 적절하다.

»» **비법링크 6. v-ing / p.p 판별법**

문제7) 정답: considered

All these things [considering / considered], it might be better to ask for the services of a moving company.

해석 이러한 모든 것들을 고려할 때, 이삿짐 회사의 서비스를 요청하는 것이 더 나을 것 같다.

» **해설** 종속절의 시제가 주절의 시제인 현재시제와 시제가 동일하며, 의미상으로 수동의 의미이기 때문에 being이 생략된 considered 이 적절하다.

»» **비법링크 6. v-ing / p.p 판별법**

문제8) 정답: who

A white person [who / whom] lives primarily among other whites will have more difficulty recognizing Asian faces, and vice versa.

해석 주로 다른 백인들 사이에서 살고 있는 백인이 아시아인의 얼굴을 알아보는데 보다 어려움을 겪을 것이고 그 반대도 마찬가지일 것이다.

» **해설** 주어이며 사람인 선행사(A white person)에 이어서 동사를 받는 주어 자리에 위치하기 때문에 주격 관계대명사인 who가 적절하다.

»» **비법링크 7. 관계대명사의 형태**

문제9) 정답: whose

Many of the letters come from people [who / whose] work lives have been so busy.

해석 그 편지 중 많은 편지가 노동의 삶으로 너무나 바쁜 사람들로부터 온 것이다.

» **해설** work lives라는 명사를 수식하는 소유격 관계대명사가 적절하다.

»» **비법링크 7. 관계대명사의 형태**

문제10) 정답: who

The skillful mechanic has been replaced by a teenager in a uniform [who / which] doesn't know anything about cars and couldn't care less.

해석 숙련된 정비공은 유니폼은 입고 있지만 자동차에 대해 전혀 모르고 관심도 없는 십대로 대체되었다.

» **해설** 사람인 선행사(a teenager)에 이어서 동사를 받는 주어 자리에 위치하기 때문에 주격 관계대명사인 who가 적절하다.

»» **비법링크 7. 관계대명사의 형태**

문제11) 정답: that

Ice hockey is unusual among the major sports in [such / that] teams frequently play with different numbers of players.

해석 아이스하키는 팀들이 자주 서로 다른 수의 선수들로 경기한다는 점에서 주요 스포츠들 중에서 독특하다.

» **해설** ~라는 점에서 / ~이기 때문에 라고 해석되는 문장에서 사용되는 접속사 that이 적절하다.

»» **비법링크 11. that의 모든 것**

문제12) 정답: those

The characteristic "S" curve occurs as the snake alternately tightens muscles on one side of the body and relaxes [that / those] on the opposite side.

해석 특징적인 S자 곡선은 뱀이 교대로 몸 한쪽의 근육을 긴장시키고 다른 쪽은 완화시킬 때 일어난다.

» **해설** muscles의 중복사용을 피하고자 복수명사를 대신하는 대명사 those를 사용하는 것이 적절하다.

»» **비법링크 11. that의 모든 것**

문제13) 정답: that

It was not until the Chrysler Building was completed in New York city in 1930 [that / what] there was a taller structure in the world than the Eiffel Tower.

해석 1930년 뉴욕시에서 Chrysler 빌딩이 완성되고 나서야 에펠탑보다 세계에서 더 큰 구조물이 생겨났다.

» **해설** it ~ that 강조구문으로서 it is와 that 사이에 강조하고자 하는 말을 넣어 표현하는 문장이다.

»» **비법링크 11. that의 모든 것**

문제14) 정답: Whether

[If / Whether] you will do it or not is the contract.

해석 당신이 그것을 할지 안할지가 그 계약의 내용이다.

» **해설** 명사절을 이끄는 접속사 whether가 주어 역할을 하는 문장이다.

»» **비법링크 12. that(접속사) Vs whether**

문제15) 정답: whether

The law about this considers such questions as [if / whether] this exists, what the meaning of this is, whether this has been broken, and what compensation is due to the injured party.

해석 이것에 관한 법은 이것이 성립하는지, 이것의 의미가 무엇인지, 이것이 위반되었는지, 그리고 손해를 입은 당사자에게 무슨 배상이 치러져야 하는지와 같은 문제들을 다룬다.

» **해설** 명사절을 이끄는 접속사 whether가 전치사의 목적어 역할을 하는 문장이다.

»» **비법링크 12. that(접속사) Vs whether**

문제16) 정답: Nearly

I asked the audience, "How many of you feel nervous when you give a speech?" [Near / Nearly] every hand went up.

해석 나는 청중들에게 "여러분이 발표할 때 몇 분 이나 긴장하시나요?" 라고 물었다. 거의 모두가 손을 들었다.

» **해설** 거의 모두가 손을 들었다라는 의미이므로 부사 Nearly가 적절하다.

»» **비법링크 14. 형태가 같은 형용사 부사**

문제17) 정답: diverse

Cultures as [diverse / diversely] as the Japanese, the Guatemala Maya, and the Inuit of Northwestern Canada practice it.

해석 일본인들, 과테말라의 마야인들, 그리고 북서 캐나다의 이누이트족과 같은 다양한 문화권에서는 그것을 행한다.

» **해설** as 원급 as의 용법이며, 문장의 주어인 명사 Cultures를 수식할 수 있는 형용사인 diverse가 적절하다.

»» **비법링크 15. as [형용사 / 부사] as**

문제18) 정답: freely

Schubert wrote music as [free / freely] as one would write a friendly letter.

해석 슈베르트는 사람들이 친숙한 편지를 쓰듯이 음악을 자유롭게 썼다.

» **해설** as 원급 as의 용법이며, 문장의 동사가 일반동사 wrote이므로 동사를 수식할 수 있는 부사인 freely가 적절하다.

»» **비법링크 15. as [형용사 / 부사] as**

문제19) 정답: quiet

His voice was as [quiet / quietly] as a whisper.

해석 그의 목소리는 속삭이는 것 같이 조용했다.

» **해설** as 원급 as의 용법이며, 문장의 동사가 be동사 was이므로 보어인 quiet가 적절하다.

»» **비법링크 15. as [형용사 / 부사] as**

문제20) 정답: was

The researchers found that the children in the orphanage were physically, socially, and emotionally disabled compared with the other children, which [was / were] a difference that expanded steadily as the children grew older.

해석 연구자들은 고아원의 아이들이 다른 아이들과 비교했을 때 신체적으로, 사회적으로, 그리고 감정적으로 장애가 있다는 것을 발견했는데, 이 차이는 아이들이 자라나면서 꾸준히 증가했다.

» **해설** 주격관계대명사 뒤의 동사의 수일치 문제이다. 주격관계대명사 뒤의 동사는 선행사에 수를 일치시켜야한다. 그런데, 이 경우에 which(계속적용법의 관계대명사)의 선행사는 문장의 내용상 children이 아니라 앞쪽의 절 전체(고아원의 아이들과 다른 아이들을 비교할 때 장애가 있다는 점)에있다. 절은 단수 취급합니다. 따라서, 정답은 단수동사 was입니다.

»» **비법링크 18. 수일치 - 주격관계대명사 뒤에 나오는 동사 (3)**

문제21) 정답: has

Many social scientists hold that the removal of the barriers between child information and adult information [have / has] pushed children into the adult world too early.

해석 많은 사회과학자들은 아동용 정보와 성인용 정보 사이의 장벽을 없앰으로써 아동을 성인의 세계로 너무 일찍 밀어 넣었다고 주장한다.

» **해설** that절(hold의 목적어절) 안의 주어와 동사의 수일치 문제이다. [have / has]의 주어를 찾아야 한다! between 전치사구가 수식하는 barriers를 주어로 착각하기 쉽지만, barriers는 removal을 수식하는 of 전치사구의 일부일 뿐, 주어는 removal이다. 따라서, 단수 동사인 has가 정답이다.

»» **비법링크 18. 수일치 - 주어를 수식하는 어구나 삽입어구 (1)**

문제22) 정답: goes

About three-fourths of the chalk used in the United States [go / goes] into trash bags.

해석 미국에서 쓰이는 분필의 약 3/4는 쓰레기 봉지로 간다.

» **해설** 분수 등의 부분을 나타내는 표현(About three-fourths)이 주어일 때, 그 표현 자체만으로는 수량 구분이 안되기 때문에 of 뒤의 명사에 동사의 수를 일치 시켜야 한다. 따라서, 'the chalk'에 수를 일치시켜 단수 동사 goes가 와야 한다.

»» **비법링크 18. 수일치 - 부분을 나타내는 표현이 주어인 경우 (5)**

1	do	6	achieve	11	on which	16	dangerous	21	summarize
2	did	7	find	12	for which	17	possible	22	given
3	do	8	are being	13	cleaning	18	unexpected		
4	do	9	that	14	because of	19	say		
5	restricting	10	that	15	working	20	evaluate		

정답 및 해설

문제1) 정답: do

A lot of people probably spend more time on the Internet than they [do / are] in their vehicles.

해석 많은 사람들은 아마도 그들의 자동차 안에서 쓰는 시간보다 더 많은 시간을 인터넷에 사용하고 있다.

» **해설** 대동사는 앞에서 언급된 동사를 대신 써주는 것입니다. 이 문장에서는 언급된 동사가 spend(일반동사)이기 때문에 do가 정답입니다.

»» **비법링크 1. 대동사 (do VS be)**

문제2) 정답: did

The tests have shown that pigeons that flew on a cloudy day got lost. Those that flew on a sunny day, however, [did / were] not.

해석 그 실험에 따르면 흐린 날에 날아간 비둘기들은 길을 잃었다. 하지만 맑은 날에 날아간 비둘기는 길을 잃지 않았다.

» **해설** '맑은 날에 날아간 비둘기는 길을 잃지 않았다'라는 의미가 나와야 하므로 동사 got lost를 대신해서 쓴 did가 맞다.

»» **비법링크 1. 대동사 (do VS be)**

문제3) 정답: do

Professors no more want to be called John or Maria than [do / is] average physicians.

해석 보통의 의사들이 그렇듯이, 교수들도 John이나 Maria로 불리기를 원하지 않는다.

» **해설** 대동사는 앞에서 언급된 동사를 대신 써주는 것입니다. 이 문장에서는 be called의 함정에 빠지면 안 된다. 보통의 의사들이 John이나 Maria 등의 이름으로 불리는 것을 좋아하지 않는 것처럼의 의미인 no more want to be called를 대신 받는 do를 정답으로 골라야 한다.

»» **비법링크 1. 대동사 (do Vs be)**

문제4) 정답: do

Cheese bread is delicious, and so is cheese soup. Cheese pancakes taste good, and so [is / do] cheese candies.

해석 치즈 빵은 맛있고, 치즈 수프도 그렇다. 치즈 팬케이크는 맛있고, 치즈 사탕도 그렇다.

» **해설** '~도 그렇다'는 동의의 표현은 「so + 동사 + 주어」의 형태로 씁니다. 일반동사를 대신 받으면 do(es), did가 쓰인다. 주어진 문장에서는 taste를 대신하고 주어가 복수, 시제가 현재이니 do가 정답이다.

»» **비법링크 1. 대동사 (do VS be)**

문제5) 정답: restricting

A New York Policy [restricting / restricts] the use of plastic bags is gradually taking root, particularly among large discount stores and retailers.

해석 비닐봉지의 사용을 제한하는 뉴욕 정책은 특히 대형 할인 매장이나 소매점에서 점차적으로 뿌리를 내리고 있다.

» **해설** 하나의 절에서는 본동사(주절의 동사)가 하나만 나와야 한다. 이 문제에서는 본동사인 is taking이 있으므로 접속사가 없는 상황에서는 또 다른 본동사인 restricts가 나올 수 없다. 따라서 준동사인 restricting이 정답이다.

»» **비법링크 2. 동사 (동사 VS 준동사)**

문제6) 정답: achieve

People who are daring in taking a wholehearted stand for truth often [achieving / achieve] results that surpass their expectations.

해석 용기를 내어 진실을 위해 진심 어린 태도를 취하는 사람들은 종종 그들의 기대를 넘어서는 결과를 성취한다.

» **해설** 관계절은 반드시 동사를 수반한다. are daring은 who가 이끄는 관계절의 동사이고 surpass는 that이 이끄는 관계절의 동사이므로 결국 나머지 동사는 반드시 문장의 구성상 가장 중요한 주절의 동사가 되어야 한다. 따라서 achieve가 정답이다.

»» **비법링크 2. 동사 (동사 VS 준동사)**

문제7) 정답: find

What can a math teacher do without a chalk? Stop thinking about what you don't have and [find / finding] a solution yourself.

해석 수학 선생님이 분필 없이 무엇을 할 수 있을까?" 네가 가지고 있지 않은 것에 대한 생각을 멈추고 해결책을 스스로 찾도록 하라!

» **해설** Stop ~ and find ~ 로 연결되는 명령문의 형태가 되어야 한다.

»» **비법링크 2. 동사 (동사 VS 준동사)**

문제8) 정답: are being

We must not forget that physical education and sports programs, which also prevent obesity and diabetes, [are being / being] trimmed from school budgets every year.

해석 비만과 당뇨병을 예방해 주는 체육 교육과 스포츠 프로그램이 매년 학교 예산에서 줄어들고 있다는 것을 잊어서는 안 된다.

» **해설** 접속사나 관계사는 반드시 동사를 동반하죠. 관계사 which가 동반한 동사는 prevent이지만 접속사 that이 동반한 동사도 필요하죠. 그것이 바로 are being trimmed이다.

»» **비법링크 2. 동사 (동사 VS 준동사)**

문제9) 정답: that

Engineers also added [that / what] they would be able to figure out how much of a risk the sand would be for car engines.

해석 기술자들은 또한 자동차 엔진에 모래가 얼마나 위험할 수 있는지를 그들이 알아낼 수 있을 것이라고 덧붙였다.

» **해설** 동사 add의 목적어 역할을 하는 명사절을 이끄는 접속사 that이 적절하다.

»» **비법링크 8. that Vs what**

문제10) 정답: that

In some cases two species are so dependent upon each other [that / what] if one becomes extinct, the other will as well.

해석 몇몇 경우에 두 가지 종들은 너무 서로에게 상호의존적이어서 만약 하나가 멸종하게 되면, 다른 하나도 마찬가지로 그렇게 될 것이다.

» **해설** 원인과 결과를 나타내는 so~ that (너무 ~해서 ~하다)라는 구문입니다.

»» **비법링크 8. that VS what**

문제11) 정답: on which

I pull out my laptop, [which / on which] I have lots of pictures and videos of my kids.

해석 나는 노트북 전원을 뽑는데, 그 노트북에는 내 아이들의 많은 사진과 비디오가 있다.

» **해설** 관계사 뒤에 완전한 절이 있으므로 「전치사+관계대명사」가 적절하다. 또 관계대명사로 연결하기 전의 문장으로 생각해보면 I have lots of pictures and videos of my kids on my laptop. 이고 which는 my laptop을 대신하므로 on은 따로 살려두어야겠죠?

»» **비법링크 9. 관계대명사 VS 관계부사**

문제12) 정답: for which

Then find something special about each day [that / for which] you can be thankful.

해석 그리고 나서 당신이 매일 감사할 수 있는 특별한 뭔가를 찾아라.

» **해설** thankful은 전치사 for와 함께 쓰인다. 관계대명사절을 이전의 문장으로 생각해보면 You can be thankful for it(=something special)이고 which는 it(=something special)을 대신하므로 전치사 for와 함께 which가 관계대명사절 앞으로 이동할 수 있답니다.

»» **비법링크 9. 관계대명사 VS 관계부사**

문제13) 정답: cleaning

Especially, be sure to be extra careful while [cleaned / cleaning] around your animal's sensitive ears.

해석 특히, 동물의 민감한 귀 주변을 닦는 동안에는 반드시 특별한 주의를 해야 한다.

» **해설** 접속사 while 뒤에 주어+동사(you are)가 생략된 형태입니다. 주어와의 관계가 능동적 이기 때문에 cleaning이 정답입니다.

»» **비법링크 10. 전치사 VS 접속사**

문제14) 정답: because of

We study philosophy [because / because of] the mental skills it helps us develop.

해석 우리는 철학이 정신적인 기량을 개발하는데 도움을 주기 때문에 철학을 공부한다.

» **해설** 명사 뒤에서 명사를 수식하는 구조를 이해해야 하는 문제이다. the mental skills가 관계대명사절의 수식을 받고 있다. 즉 the mental skills (that / which) it helps us develop에서 관계대명사 that(또는 which)이 생략되어 있다. the mental skills는 명사구이므로 because of가 정답이다.

»» **비법링크 10. 전치사 VS 접속사**

문제15) 정답: working

Besides [it works / working] better, your brain may also work longer if you exercise.

해석 운동을 하면 두뇌는 활동을 더 잘할 뿐만 아니라, 더 오래 활동할 것이다.

» **해설** Besides 뒤에 '주어+동사'와 '(동)명사' 중에 선택하는 문제이므로 Besides가 접속사인지 전치사인지를 제대로 알아야 한다. Besides는 부사, 전치사로 쓰이고 접속사로는 쓸 수 없다. 여기서 Besides는 전치사로 쓰였고 뒤에는 working이 적절하다.

»» **비법링크 10. 전치사 VS 접속사**

문제16) 정답: dangerous

Scientists believe they would be able to determine how concentrated the ash was and, thus, how [dangerous / dangerously] it could be for aircraft to fly through.

해석 과학자들은 화산재가 얼마나 농축되었는지 측정할 수 있고, 비행기가 그곳을 통과하는 것이 얼마나 위험한지를 측정할 수 있다고 믿었다.

» **해설** 형용사 VS 부사는 무엇을 꾸며주느냐를 묻는 문제예요. 진주어인 for aircraft to fly through의 상태를 설명하는 말이다. 주어를 설명하므로 형용사인 dangerous가 적절하다.

»» **비법링크 13. 형용사 VS 부사**

문제17) 정답: possible

Countless advances have been made [possible / possibly] because their creators had experience in various fields.

해석 창작자들이 다양한 분야에서 경험이 있기 때문에 끊임없는 발전이 가능해졌다.

» 해설 형용사 VS 부사는 무엇을 꾸며주느냐를 묻는 문제이다. 이 문장에서는 [possible / possibly] 가 Countless advances를 꾸며주느냐 made를 꾸며주느냐를 묻는 거예요. 당연히 Countless advances를 꾸며주는 거죠. 그래서 possible이 적절하다.

참고 S(주어) have made countless advances possible because their creators had experience in various fields. (수동태로 전환되기 이전의 문장)

»» 비법링크 13. 형용사 VS 부사

문제18) 정답: unexpected

It is not just to amaze our friends with our own profound thinking or confuse them with [unexpected / unexpectedly] questions.

해석 그것은 단지 우리의 친구들을 우리의 심오한 생각으로 놀라게 하거나 예기치 못한 질문으로 그들을 혼란스럽게 하기 위한 것은 아니다.

» 해설 명사를 수식하는 단어의 품사를 묻는 문제이다. 명사 questions를 수식하려면 형용사형인 unexpected가 적절하다.

»» 비법링크 13. 형용사 VS 부사

문제19) 정답: say

Researchers asked 32 people to watch a brief computer animation of white bars drifting over a grey and black background, and [said / say] which way they were moving.

해석 연구자들은 32명의 사람들에게 회색과 검은색 배경 위로 떠다니는 흰색 막대의 간단한 컴퓨터 애니메이션을 보고, 어느 방향으로 움직이는지 말하게 했다.

» 해설 and에 의해 병렬되는 동사의 형태를 묻고 있다. [say / said]와 병렬되는 동사가 asked라면 정답은 said이다. 하지만, 32명에게 보고(to watch) 말해(to say)줄 것을 요청(asked)하는 문맥이므로, asked의 목적보어 to watch와 병렬되는 to부정사가 필요해요. and에 의해 병렬되는 to부정사의 to는 생략할 수 있으므로 정답은 say입니다.

»» 비법링크 16. 병렬-등위접속사

문제20) 정답: evaluate

As a reviewer, you analyze the book for how it tells a story and [evaluate / evaluates] the quality of writing and organization.

해석 평론가로서, 당신은 책이 이야기를 어떻게 전개하는지 분석하고 작문과 구성의 질을 평가해야 합니다.

» **해설** 등위접속사 and에 의해 병렬되는 동사들은 서로 형태가 같아야 한다. 문맥상, analyze와 tells 중 빈칸의 동사와 병렬되는 동사는 analyze이다.

»» **비법링크 16. 병렬-등위접속사**

문제21) 정답: summarize

Tory Higgins and his colleagues had university students read a personality description of someone and then [summarize / summarized] it for someone else who was believed either to like or to dislike this person.

해석 Tory Higgins와 그의 동료들은 대학생들에게 어떤 사람의 성격 묘사를 읽고, 그 사람을 좋아하거나 싫어한다고 여겨지는 다른 누군가에게 그것을 요약하게 했다.

» **해설** 등위 접속사 and가 연결하고 있는 동사가 had라면 답은 summarized, read라면 summarize이어야 한다. 여기서 문맥상 대학생들에게 읽고 요약하게 했다는 이야기이므로, had는 사역동사, 'university students'는 목적어, 'read~ and summarize~'는 동사원형 형태의 목적격보어이다.

»» **비법링크 16. 병렬-등위접속사**

문제22) 정답: given

Flowers are often presented as gifts on birthdays and anniversaries and [give / given] to moms and dads on Parents' Day by children.

해석 꽃은 종종 생일과 기념일에 선물로 주어지고, 부모님의 날에 자녀들에 의해 어머니들과 아버지들께 드려진다.

» **해설** 등위접속사 and에 의한 병렬구조 문제예요. and가 연결하고 있는 동사는 무엇일까요? 언뜻 give인 것 같지만, 주어인 꽃은 주는 것(give)이 아니고, ~에게(to) 주어지는 것이기 때문에 are given이 되어야 한다는 것을 알 수 있다. 그런데 병렬을 이루고 있는 are presented에 are가 이미 있기 때문에 중복을 피하여 are를 생략하고 given만 남아 있는 상태이다.

»» **비법링크 16. 병렬-등위접속사**

23	defining	28	is	33	has	38	creates	43	were
24	going	29	becomes	34	belong	39	that	44	is
25	brushing	30	were	35	have	40	forces		
26	It	31	are	36	were	41	are		
27	them	32	is	37	has	42	is		

문제23) 정답: defining

You know how important competitive edges are in choosing suitable markets and [define / defining] services.

해석 당신은 경쟁적 우위가 적합한 시장을 선택하고 서비스의 정의를 내리는데 얼마나 중요한지를 안다.

» **해설** 등위접속사 and가 보이나요? 등위접속사에 의해 병렬되는 A와 B는 문법적 성격과 역할이 서로 같아야 한다. 따라서 and가 빈칸의 동사와 병렬시키고 있는 동사가 know라면 정답은 define 이라고 생각할 수 있다. 하지만, 문맥상 in의 목적어로 choosing과 병렬되는 동사가 필요하다. 따라서 정답은 defining입니다.

»» **비법링크 16. 병렬-등위접속사**

문제24) 정답: going

Wearing shoes tends to make feet more susceptible to injury than [to go / going] barefoot.

해석 신발을 신는 것이 맨발로 가는 것보다 더 쉽게 부상당하는 경향이 있다.

» **해설** 비교 구문에서 비교하는 두 대상은 서로 문법적 성격이 같아야 한다. 따라서 wearing shoes와 병렬될 수 있는 것은 going이 적절하다.

»» **비법링크 17. 병렬-비교구문**

문제25) 정답: brushing

Riding a bike to school or work and taking the stairs instead of the elevator are as natural as [brush / brushing] your teeth after meals when you live a cleaner, greener life!

해석 당신이 더 깨끗하고 환경친화적인 삶을 살 때, 학교나 직장에 자전거를 타고 다니고, 승강기를 사용하는 대신 계단을 이용하는 것은 식후에 양치를 하는 것만큼 자연스럽다.

» **해설** 「A as ~ as B」 비교급에서 두 비교 대상 간에 병렬 관계를 묻는 문제예요. Riding과 taking이 접속사 and에 의해 병렬되고 있고, as natural as가 riding~ and taking~ 과 빈칸의 단어를 비교하고 있다. 따라서 riding~ and taking~과 동일한 형태인 brushing이 답이다.

»» **비법링크 17. 병렬-비교구문**

문제26) 정답: It

Answering this question in a new, unexpected way is one of the creative acts. [It / They] will improve your chances of succeeding next time.

해석 이 질문에 새롭고, 예상치 못한 방식으로 대답하는 것은 창의적인 활동 중 하나이다. 이것은 다음번에 성공할 기회를 향상시킬 것이다.

» **해설** 대명사 문제는 주로 수일치 문제로 앞에서 언급된 대상이 무엇인지 알아야 한다. 앞 문장의 Answering this question in a new, unexpected way를 받는 대명사를 찾는 문제이다. 절(명사절: that절, what절, whether절, 의문사절)이나 구(to 부정사구, 동명사구)는 단수 취급합니다. 여기서는 동명사구를 It으로 받아야 한다.

»» **비법링크 18. 수일치 - 대명사의 수와 격 (8)**

문제27) 정답: them

Painted 3D triangles that look like speed bumps take one quarter of the cost of physical bumps. The devices also have the advantage of not tearing up emergency vehicle axles as they speed over [it / them].

해석 과속 방지턱처럼 보이는 색칠된 3-D삼각형은 실제 방지턱 비용의 1/3 밖에 들지 않는다. 그 장치는 또한 긴급 차량이 그 삼각형 위를 속도를 내며 지나갈 때 차축에 손상을 입히지 않는 이점을 지니고 있다.

» **해설** 대명사의 수일치 문제입니다. 이런 유형의 문제를 풀기 위해서는 앞에서 언급된 대상이 무엇인지 알아야 합니다. speed over을 봤을 때 3-D triangles를 지나간다는 것을 알 수 있으므로 정답은 them이 됩니다.

»» **비법링크 18. 수일치 - 대명사의 수와 격 (8)**

문제28) 정답: is

In reality, the main reason for these minor but unpleasant illnesses [are / is] that we are exhausted.

해석 사실, 경미하지만 반갑지 않은 이런 질병들의 주요 원인은 피로이다.

» **해설** 주어와 동사의 수일치 문제예요. [are / is]의 주어를 찾아야겠죠! 바로 앞의 illnesses를 주어로 착각하여 are를 답으로 고르기 쉽지만, illnesses는 reason을 수식하는 전치사구(for ~)의 일부일 뿐, 주어는 reason이랍니다. 따라서, 단수 동사인 is가 정답이다.

»» **비법링크 18. 수일치 - 단수동사 VS 복수동사 (7)**

문제29) 정답: becomes

The knowledge of economists who study stock prices, interest rates, and market dynamics, and so on often [become / becomes] obsolete in a few days or even a few hours.

해석 주식 가격, 이자율, 시장 역학 등을 연구하는 경제학자의 지식은 흔히 며칠 또는 몇 시간 만에 쓸모없게 된다.

» **해설** 주어와 동사의 수를 일치시켜야 하는 문제이다. 주어를 찾아볼까요? [become / becomes] 앞에 나열된 명사들은 economists를 수식하는 who관계대명사절의 일부일 뿐 주어는 아니다. economists 역시 knowledge를 수식하는 of 전치사구의 일부일 뿐, 주어는 knowledge이죠. 따라서, 단수동사 becomes가 정답입니다.

>> **비법링크 18. 수일치 - 단수동사 VS 복수동사 (7)**

문제30) 정답: were

A few drivers eager to get the parking lot my son would be leaving [was / were] following him.

해석 아들이 떠나는 주차 지역을 맡으려고 하는 몇 명의 운전자들이 그를 따라가고 있었다.

» **해설** 이 문장의 주어는 A few drivers입니다. eager to~ leaving 까지는 주어를 수식해 주는 구문이다. 그러므로 주어에 대한 수일치 동사 were이 정답이다.

>> **비법링크 18. 수일치 - 주어를 수식하는 어구나 삽입어구 (1)**

문제31) 정답: are

Enclosed [are / is] the materials that you mentioned the other day.

해석 당신이 일전에 언급한 그 자료는 동봉되어 있다.

» **해설** 과거분사가 문두에 올 때, 도치가 일어나고. 도치구문에서는 동사 뒤에 있는 주어에 수를 일치시켜야 한다. 과거분사 enclosed가 문두에 와서, 도치가 일어났고, 주어가 materials이므로 동사는 are입니다.

>> **비법링크 18. 수일치 - 단수동사 Vs 복수동사 (7)**

문제32) 정답: is

Still others think that achieving satisfaction and contentment by working at a job they really like [is / are] success.

해석 여전히 다른 어떤 사람들은 자기가 정말로 좋아하는 직업에서 일을 함으로써 만족감과 즐거움을 얻는 것이 성공의 주요한 잣대라고 생각한다.

» **해설** 동명사인 achieving satisfaction and contentment는 단수 취급하므로 단수동사 is가 적절하다.

»» **비법링크 18. 수일치 - 주어가 동명사, 부정사, 명사절인 경우 (2)**

문제33) 정답: has

Shooting dishes outdoors [has / have] its own problems.

해석 야외에서 음식의 사진을 찍는 것은 그것만의 문제가 있다.

» **해설** 주어와 동사의 수일치 문제이다. [has / have] 바로 앞의 outdoors는 부사로 주어가 아니다. dishes는 its와 수가 맞지 않으므로 주어가 아니다. 그러므로, Shooting은 dishes를 수식하는 분사가 아니라, 동명사 주어이다. dishes는 Shooting의 목적어구요. 동명사는 단수이므로 정답은 단수동사 has입니다.

»» **비법링크 18. 수일치 - 주어가 동명사, 부정사, 명사절인 경우 (2)**

문제34) 정답: belong

This is one of the boats which [belong / belongs] to my father.

해석 이것은 나의 아버지의 보트 중 하나이다.

» **해설** 주격관계대명사 뒤의 동사의 수를 묻고 있다. 주격관계대명사 뒤의 동사는 선행사에 수를 일치시켜야 한다. 관계대명사 which의 선행사는 the boats이다. 따라서 복수 동사 belong이 정답이랍니다.

»» **비법링크 18. 수일치 - 주격관계대명사 뒤에 나오는 동사 (3)**

문제35) 정답: have

The Stellar is one of those cars that [have / has] been discontinued by the manufacturers.

해석 스텔라는 제조업자들에 의해 단종된 차들 중의 하나이다.

» **해설** 주격관계대명사 뒤의 동사의 수일치를 묻는 문제이다. 주격관계대명사 뒤의 동사는 선행사에 수를 일치시키죠. 따라서 선행사 those cars에 맞는 복수 동사 have가 정답이다.

»» **비법링크 18. 수일치 - 주격관계대명사 뒤에 나오는 동사 (3)**

문제36) 정답: were

In the mid-eighteenth century, the rich of London [was / were] deeply impressed by the parks in other nations and suggested establishing a park.

해석 18세기 중반, 런던의 부자들은 다른 나라의 공원에 깊이 감명을 받고 공원을 설립할 것을 제안했다.

» **해설** 「the+형용사」는 복수보통명사 '~한 사람들'이다. 예를 들어, the rich는 rich people, the poor는 poor people, the depressed는 depressed people, the wounded는 wounded people이 되어야 한다. 따라서 주어가 복수이므로 were이 맞다.

»» 비법링크 18. 수일치 - 단수동사 Vs 복수동사 (7)

문제37) 정답: has

Song-eun is the only one of the tourists who [have / has] survived the train accident.

해석 송은이는 열차 사고에서 살아남은 유일한 관광객이다.

» **해설** 주격관계대명사 뒤의 동사의 수일치를 묻고 있죠. 수를 일치 시킬 선행사를 찾아볼까요? tourists를 선행사로 착각하기 쉽지만, 열차 사고로 살아남은 것은 단 한명이라는 의미이기 때문에 선행사는 the only one이다. 문맥상 송은이는 살아남은 '여러 관광객 중 한명(one of the tourists)'이 아니라, '관광객 중 살아남은 유일한 사람(the only one of the tourists)'이에요. 그래서 단수 동사 has가 답입니다. the only가 없다면 선행사는 tourists이다.

»» 비법링크 18. 수일치 - 주격관계대명사 뒤에 나오는 동사 (3)

문제38) 정답: creates

It is the fusion of these many talents that [create / creates] beautiful ballet.

해석 아름다운 발레를 만들어 낸 것은 이러한 많은 재능들의 결합이다.

» **해설** 문장의 주어 부분이 강조되고 있는 「It is ~ that …」 강조 구문의 수일치 문제이다. 아름다운 발레를 만들어 낸 것은 많은 재능들이 아니라 재능들의 결합이라는 의미이므로, 주어는 the fusion 이다. 따라서, 주어가 단수이므로 동사 creates가 정답이다.

»» 비법링크 18. 수일치 - 주어를 수식하는 어구나 삽입어구 (1)

문제39) 정답: that

The number of Euripides' plays {that have remained alive is larger than [that / those] of Aeschylus' and Sophocles' together, partly because of the unplanned preservation of a manuscript that was likely part of a unbroken collection of his works.

해석 현재까지 살아남은 에우리피데스의 연극의 수는 아이스킬로스와 소포클레스의 작품의 수를 합친 것보다 많으며, 이것은 부분적으로 그의 작품들의 완전한 모음집의 일부였을 대본의 우연한 보존 때문이다.

» **해설** 'the+명사+전치사구'에서 명사가 반복될 때 반복을 피하기 위해서 the+명사가 단수면 that, 복수면 those를 사용한다. 본문에서 The number of Euripides의 the number가 the number of Aeschylus' and Sophocles' together에 반복해서 사용되기 때문에 the number(단수)를 대신할 that이 와야 한다. than을 중심으로 비교 대상 간의 병렬 관계로 이해해도 좋다.

»» **비법링크 17. 병렬-비교구문**

문제40) 정답: forces

However, after they finish their resume, they realize that viewing experiences through the lens of failure [forces / force] them to come to terms with the mistakes they have made along the way.

해석 그들이 이력서를 끝낸 후에 그들은 실패의 렌즈를 통해 경험을 보는 것이 그들이 도중에 했던 실수를 받아들이는 법을 배우게 한다는 것을 깨닫는다.

» **해설** 주어와 동사의 수일치 문제이다. they를 빈칸의 주어로 착각한다면 답을 force로 고르겠죠. 하지만, 빈칸의 동사는 that절 안의 동사이다. 혹시, experience를 주어로, viewing(보고 있는)을 주어를 수식하는 현재분사로 착각했나요? 하지만, 실패의 렌즈를 통해 '보고 있는 경험'보다는 실패의 렌즈를 통해 '경험을 보는 것'이 문맥상 더 적절하므로, 동명사 viewing이 주어입니다. 동명사 주어는 단수이다! 따라서, 답은 forces입니다.

»» **비법링크 18. 수일치 - 주어가 동명사, 부정사, 명사절인 경우 (2)**

문제41) 정답: are

It seems quite ironic that starving animals that eat barely enough to survive [is / are] the ones who live the longest.

해석 겨우 생존할 정도로만 먹는 굶주린 동물들이 가장 장수한다는 사실은 꽤나 역설적이다.

» **해설** that절의 주어와 동사의 수를 일치시키는 문제이다. 의미상 starving은 animals를 수식하는 현재분사이다. '굶주린 동물들'이지 '동물을 굶기는 것'은 아니기 때문이다. that ~ survive의 관계대명사절 또한 animals를 수식하고 있다. 따라서 주어는 animals, 동사는 are입니다.

»» **비법링크 18. 수일치 - 주어를 수식하는 어구나 삽입어구 (1)**

문제42) 정답: is

Among the most urgent problems [is / are] the education of their children.

해석 아이들에 대한 교육이 가장 긴급한 문제들 중 하나다.

» **해설** 장소나 방향의 전치사구가 문두에 오면서 도치가 일어난 경우이다. 보통 이런 문제의 함정은 동사 바로 앞의 명사의 수에 현혹되게 만든다는 것이다. 하지만 도치된 동사의 주어는 동사 뒤에 있다. 따라서 주어는 the education, 동사는 is입니다.

»» **비법링크 18. 수일치 - 단수동사 Vs 복수동사 (7)**

문제43) 정답: were

There is a deep cavern on the island, containing the bones and arms of the Indians, who, it is supposed, [was / were] buried there.

해석 그 섬에는 인디언들의 뼈와 무기들을 포함하고 있는 깊은 동굴이 있고, 인디언들은 거기에 묻혀 있을 것으로 추정된다.

» **해설** 주격관계대명사 who와 빈칸 사이에 it is supposed라는 삽입어구가 있다. 삽입어구는 주어와 동사의 수일치에 아무런 영향을 미치지 못한다. 없는 말이라고 생각하면 된다. 따라서 who의 선행사 Indians에 맞는 동사는 were입니다.

»» **비법링크 18. 수일치 - 주어를 수식하는 어구나 삽입어구 (1)**

문제44) 정답: is

Each employee [is / are] allowed up to three days of sick leave per month for any illness.

해석 각 직원들은 한 달에 3일까지 병가를 낼 수 있다.

» **해설** 주어가 'each+단수명사' 혹은 'every+단수명사'이면 항상 단수 취급해야 한다. 따라서 동사도 단수동사 is가 정답이다.

»» **비법링크 18. 수일치 - 단수동사 Vs 복수동사 (7)**

MEMO

MEMO

MEMO

MEMO

MEMO